공자님께 배우는
네트워크 마케팅
성공 키워드
123

공자님께 배우는 네트워크 마케팅 성공 키워드 123

| 권영오 지음 |

책만드는집

이 책은《논어》를 바탕으로 했습니다.《논어》는 공자와 그의 제자들이 정치를 하고 학문을 하는 과정에서 나눈 대화록입니다.

그들은 지금으로부터 약 2500년 전 춘추 시대 말기에 활약했습니다. 수많은 나라가 생기고 사라지던 그 시절, 공자를 비롯한 더 많은 선비가 여러 나라를 돌아다니면서 기회를 엿봤습니다.

이 시기를 백가쟁명百家爭鳴이라고 하지요. 저마다 자신을 거두어 줄 주군을 찾아 천하를 주유했습니다. 지금 네트워크 마케팅 업계의 현실과 완벽하게 닮은 이 장면이 바로 이 책을 쓰게 된 동기입니다.

지금 대한민국에서는 춘추 전국 시대의 중국과 마찬가지로 130여 개의 기업이 네트워크 마케팅 시장을 석권하기 위해 다투고 있습니다. 춘추 시대에는 춘추오패라고 해서 제齊나라 환공, 진晉나라 문공, 초楚나라 장왕, 오吳나라 합려, 월越나라 구천이 있었습니다.

이들 나라가 패자로 떠오를 수 있었던 것은 훌륭한 왕을 보필했던 뛰어난 리더들이 있었기 때문입니다. 제나라 환공은 관중이라는 걸출한 리더를 얻어 첫 번째 패자가 되었고, 진나라 문공에게는 중이가, 초나라 장왕에게는 오거와 소종이 있었습니다. 중국 최초의 통일국가를 수립하며 춘추 전국 시대의 막을 내린 진秦나라에는 한비자와 이사가 진시황을 보필했습니다.

마찬가지로 내로라하는 기업들에는 역시 내로라하는 리더가 있습니다. 이들 리더가 일가를 이루고 성공할 수 있었던 비결은 무엇일까요? 저마다의 영업비밀(?)은 따로 있겠습니다만, 기본적으로 사람을 불러들이고 머물게 하는 그 무엇, 인간적인 매력이 있을 것입니다. 그에 더해 가르치고 조련하는 지도력이 있을 것이고, 모든 사람을 품어 주는 넉넉한 품이 있을 것입니다.

《논어》는 리더의 인간적인 매력을 한껏 고양해 주는 이야기로 가득합니다. 군자가 읽으면 마음의 양식이 되고 온화한 표정으로 드러나지만, 소인이 읽으면 그저 고리타분한 옛날이야기에 불과할 것입니다.

공자와 제자들이 일생에 걸쳐 도달하고자 했던 성인의 경지와 네트워크 마케팅을 통해 성공하려는 리더들이 도달하고자 하는 경지가 다르지 않습니다.

네트워크 마케팅의 핵심은 복제입니다. 공자의 제자들이 스승의 사고방식과 행동 양식을 복제하고 싶어 했던 것처럼, 스폰서의 그것을 복제할 수 있다면 성공의 문은 의외로 쉽게 열릴 수 있을 것입니다.

여러분의 성공을 기원합니다.

권영오

※《논어》전편을 싣지 않고 네트워크 마케팅 사업자들이 활용하고 받아들일 수 있는 부분을 발췌해 설명했습니다. 각 편명은 생략했습니다.

1

배워야 산다 전문가가 되라

學而時習知, 不亦說乎 (학이시습지, 불역열호)
배우고 때로 익히면 또한 기쁘지 아니한가?

미국의 제16대 대통령 에이브러햄 링컨은 이렇게 말했다지요. 나에게 한 시간 안에 저 나무를 베라고 한다면 45분간 도끼날을 갈겠다고 말입니다. 배운다는 것은 링컨이 말한 것처럼 도끼날을 가는 작업입니다. 아무리 시간이 많이 주어진다고 해도 무딘 날로는 나무를 벨 수 없습니다.

네트워크 마케팅 역시 배움에서 시작됩니다. 자신이 선택한 회사와 제품과 보상 플랜, 그리고 비전까지 완벽하게 제시할 수 있어야 사업도 순조롭게 이어질 수 있습니다. 배우는 것을 게을리해서는 성공하기가 쉽지 않습니다. 성공하더라도 평균보다 시간이 훨씬 더 많이 걸릴 수 있습니다. 회사와 제품과 보상 플랜을 완전히 숙지한 다음 리쿠르팅에 나서야 합니다.

리쿠르팅 현장에서 자신이 취급하는 제품에 대해 얼렁뚱땅 설명해서는 판매도 불가능할뿐더러 상대방을 사업자로 영입할 수가 없습니다. 우리가 배운 사람을 높이 쳐주는 것은 무엇 때문일까요? 그에게로 가면 많은 문제에 대한 해답을 들을 수 있을 것으로 기대하기 때문입니다.

함께 사업을 해 나가는 동안 파트너가 벽에 부딪혔을 때 도움을 주지 못하거나, 오히려 파트너에게 물어보는 지경에 이르게 된다면 그 사업은 결코 순조롭지 않을 것입니다. 사업을 선택하는 과정도 신중해야 하지만, 사업을 시작하는 것도 그에 못지않게 신중해야 합니다. 훈련되지 않은 군대라면 백전백패할 것이 뻔합니다. 승리하는 군인은 오랜 시간 동안 지옥 훈련을 견뎌낸 전사들입니다. 승리하기를 원한다면 스폰서로부터 배우고, 자신도 끊임없이 공부해야 합니다.

경제적인 성공뿐만 아니라 인간 자체의 수준이 한 단계 업그레이드되는 것이야말로 네트워크 마케팅의 진정한 매력 중 하나입니다.

2

잘 살아온 사람에게는
부르지 않아도 사람이 온다

有朋自遠訪來, 不亦樂乎 (유붕자원방래, 불역락호)
벗이 있어 먼 곳에서 찾아오니, 또한 즐겁지 아니한가?

오랫동안 만나지 못했던 먼 곳에 사는 친구가 나를 찾아 준다는 것은 내가 그만큼 잘 살아왔다는 것을 의미합니다. 막살았거나 바람직하지 못한 삶을 살았다면 친구가 찾아 주지는 않을 테니까요.

네트워크 마케팅 사업을 막 시작했는데 친구가 찾아온다는 것은 정말 감사한 일이지요. 더구나 네트워크 마케팅을 한다는 사실을 알고도 찾아오는 친구라면 '쩐친'이라고 할 수 있겠네요. 이 일을 하다 보면 둘도 없을 것 같던 친구나 가족마저도 제품 하나를 구매하지 않는 경우가 허다합니다. 마음으로부터 사귀고 사랑하는 사람이라면 그럴 수는 없지요.

내게 위기가 닥쳤을 때 진정한 친구를 구별할 수 있다고 합니다. 위기도 아닌 상황에서 단지 네트워크 마케팅을 제2의 직업 또는 노후를 위한 안전장치로 선택했다고 해서 멀어지는 사람이라면 친구라고도 가족이라고도 할 수 없는 일이지요.

지금까지 잘못 살아온 것처럼 느껴진다면 이제부터라도 잘 살면 됩니다. 이러한 과정을 차근차근 겪어 나가면서 인격적으로도 완성되어 가는 것이 네트워크 마케팅의 진정한 가치이니까요.

3

인정받고 싶다면 실력으로 보여 주라

人不知不慍, 不亦君子乎 (인부지불온, 불역군자호)
사람들이 알아주지 않더라도 화내지 않는다면, 또한 군자가 아니겠는가?

사람은 누구나 자신을 알아봐 주기를 바랍니다. 이처럼 인정받고 싶어 하는 마음이 명예욕입니다. 조선 시대 어린이들이 배웠다는 《사자소학》에서도 입신양명立身揚名이라는 말이 나올 만큼 인간 사회는 벼슬하고 이름 떨치는 것을 최상의 과제로 여겼습니다.

어린아이나 어른이나 노인에 이르기까지 인정받고 싶어 하는 욕망을 숨기지 않는다는 것은 그것이 인간의 기본적인 욕구라는 말입니다. 그럼에도 불구하고 남에게 인정받기란 좀처럼 쉬운 일이 아닙니다.

인정할 만한 구석이 없어서 인정받지 못하는 것일 수도 있고, 당연히 인정할 만하지만 주위의 사람들이 능력을 알아보는 눈이 없는 것일 수도 있습니다. 특히 네트워크 마케팅에서는 스폰서는 스폰서대로 파트너에게 인정받고 싶어 하고, 파트너는 파트너대로 스폰서에게 인정받고 싶어 합니다.

이것은 스폰서와 파트너 사이에만 적용되는 말은 아닙니다. 경영자와 임직원, 임직원과 사업자 등등 인간이 만나는 모든 곳에 적용되는 원리입니다. 정말로 누군가에게 인정받고 싶다면 우선 능력을 키우고, 남들이 알아주지 않더라도 묵묵히 기다리며 이름을 날릴 때를 기다리는 것이 필요합니다.

낭중지추囊中之錐라는 말이 있습니다. 주머니 속의 송곳이라는 뜻이지요. 주머니 속에 송곳을 넣어 두면 반드시 눈에 띄게 돼 있습니다. 굳이 스스로 나서서 알아 달라고 재촉하지 않더라도 재능은 드러나게 마련입니다. 조급해하지 말고 실력을 닦고 때를 기다려야 합니다.

4
기본이 튼튼해야
먼 길에도 지치지 않는다

君子務本, 本立而道生 (군자무본, 본립이도생)
군자는 근본에 힘쓴다. 근본이 바로 서야 길이 나타난다.

우리는 자주 기본기에 대해 이야기합니다. 축구나 야구 같은 스포츠 경기에서도 가장 많이 들을 수 있는 말이 기본기가 잘돼 있는 선수가 오랫동안 부상하지 않고 선수 생활을 할 수 있다고 합니다.

사상누각砂上樓閣이라는 말이 있지요. 모래 위에 지은 집이라는 뜻으로 기초와 기반이 튼튼하지 않으면 사소한 충격에도 무너질 수 있다는 말입니다.

동네를 산책하러 나가는 사람에게 필요한 것은 생수 한 병이면 충분합니다. 그렇지만 지리산이나 설악산 등 멀고 험하고 높은 곳을 목표로 하는 사람이라면 어림없는 일이지요. 복장부터 달라야 하고 음식을 챙겨야 하며, 산을 오르는 동안 발생할 수 있는 온갖 위험에도 대비해야 합니다. 설악산이나 지리산 정도야 혼자서도 오를 수 있지만, 에베레스트에 가자면 팀을 꾸리고 후원을 받아야 하며 오랫동안 체력 단련과 적응 훈련을 해야 합니다. 그렇게 기본을 다지고 다진 후에 등정에 나서더라도 수많은 낙오자가 생기고 심지어 목숨까지 걸어야 하는 곳이 에베레스트입니다.

우리의 꿈이 에베레스트와 같이 멀고 아득한 곳에 있다면 그만한 기본기를 닦아야 합니다. 그리고 함께 가야 하지요. 팀의 구성원이 일심동체가 되어 밀어주고 끌어 주면서 목표 지점을 향해 나아가야 합니다.

5

말과 얼굴색은 꾸며도
진심은 못 꾸민다

子曰, 巧言令色, 鮮矣仁 (자왈, 교언영색, 선의인)
공자께서 말씀하셨다. 듣기 좋은 말이나 억지로 꾸미는 표정에는 어짊이 모자란다.

교언영색巧言令色이라는 말은 이미 많이 들어 봤을 것입니다. 그
러나 사회라는 곳은 어쩔 수 없이 교언영색 할 수밖에 없지요. 영
혼 없는 칭찬, 진심을 숨긴 웃음은 회사라는 정글에서, 자영업이
라는 진흙탕에서 살아남기 위한 필살기인지도 모르겠습니다.

그러나 네트워크 마케팅에서 성공을 꿈꾸는 사람이라면 결코
저질러서는 안 되는 것이 영혼 없는 칭찬과 진심을 숨긴 웃음입
니다. 한두 번은 몰라도 지속해서 이어지는 교언영색은 상대방을
자신으로부터 밀어내는 결과를 초래하고 맙니다.

미인대칭이라는 말이 있지요. 미소 짓고 인사하고 대화하고 칭
찬하라는 말입니다. 사람을 사귀는 데 이보다 좋은 방법은 없을

것입니다. 그렇지만 진심을 담지 않은 미소와 칭찬은 오히려 상대방을 기분 나쁘게 할 수 있습니다. '썩소'와 함께 건성건성 던지듯 건네는 인사는 금물입니다.

새로운 사업자를 영입하기 위한 접근 과정에서도 그렇지만 스폰서나 파트너, 형제 라인과 교류하는 과정에서도 이러한 태도는 상대방에게 불쾌감을 느끼게 합니다. 형제 라인은 자신의 사업과는 상관없는 별개의 사람들이라고 생각하기 쉽지만, 결코 그렇지 않습니다.

나와는 형제 라인이어도 스폰서에게는 한 팀이니까요. 그리고 나의 팀 역시 팀원들 사이에서는 형제 라인으로 나뉘게 됩니다. 부모와 자식 간에 사이가 좋은 집안이 형제들 사이도 좋은 법입니다. 진심과 신뢰를 듬뿍 담은 미소와 인사는 상대방의 기분을 좋게 할 뿐만 아니라 인사를 건네는 나 자신에게도 긍정적인 에너지원으로 돌아오게 됩니다.

6

반성했다면 개선하라

曾子曰, 吾日三省吾身, 爲人謀而不忠乎, 與朋友交而不信乎, 傳不習乎 (증자왈, 오일삼성오신, 위인모이불충호, 여붕우교이불신호, 전불습호)
증자가 말했다. 나는 매일 세 가지 기준으로 나 자신을 반성한다. 다른 사람들을 위해 도모하는 일에 불성실하지는 않았는가? 친구와 더불어 사귀는 데 신의가 없지는 않았는가? 배운 것을 제대로 익히지 못하지는 않았는가?

증자는 공자의 제자 중 한 사람입니다. 일기를 쓰는 것이 얼마나 중요하고 유용한 것인지는 어려서부터 귀에 딱지가 앉을 정도로 들었을 것입니다. 하루를 마무리하는 시점에서 일기를 쓴다는 것은 하루의 일들을 정리하고 돌아보는 의미도 있지만, 잘한 것과 잘못한 것, 부족했던 점을 상기하면서 좀 더 나은 인간으로 성장하는 방편으로 활용되기도 합니다.

반성은 개선을 전제로 해야 합니다. 반성이라도 하는 쪽이 그마저도 하지 않는 쪽보다는 낫겠지만 개선되지 않는 지속적인 반성은 무의미합니다. 하루하루 반성하고 개선해 나가다 보면 나도 모르는 사이에 과거보다 훨씬 더 훌륭한 사람이 되어 있을 것입니다. 네트워크 마케팅에서의 반성과 개선은 성공으로 가는 길을 닦는 일입니다. 증자가 세운 세 가지 기준은 어떤 것이었을까요?

군사정권 당시만 해도 忠충이라는 글자는 다른 단어와 비교할 수조차 없는 고귀한 것이었습니다. 일본식 교복을 입었던 그 시절에는 중고생들도 모두 군대식 거수경례를 했습니다. 거수경례와 동시에 '충성'이라는 구호를 외쳤지요. '부모에 효도, 국가에 충성'이 대한민국의 지상과제처럼 여겨지던 시절이었습니다.

충이라는 말은 성실하다는 뜻입니다. 파트너와 함께한 후원 미팅이 스폰서의 불성실한 태도로 인해 실패하는 경우가 허다합니다. 스폰서 동행 미팅에서 실패할 때는 파트너 혼자서 실패했을 때와는 비교도 할 수 없는 엄청난 충격이 가해집니다. 스폰서가 신인 줄 아는 신규 파트너에 대한 후원이 실패하다니요.

최고 리더를 동행하더라도 리쿠르팅에 성공하는 일은 쉽지 않습니다. 다만 얼마나 성실하게 준비하고, 설명하고, 비전을 제시했느냐는 별개의 일이지요. 만약 스폰서가 불성실하게 응대하는 바람에 실패한 거라면 리쿠르팅은 고사하고 그 파트너마저 잃어버릴 가능성이 큽니다. 과연 누가 불성실한 스폰서와 사업을 하고 싶어 할까요?

그러므로 배우고 때로 익혀서 기본기를 다져야 하고, 눈을 뜬 다음에야 새로운 길을 발견하게 되는 겁니다.

네트워크 마케팅 시장을 옛날과 비교했을 때 가장 많이 달라진 부분이 바로 신의에 관한 것입니다. 믿을 신信 자를 풀어 보면 '사람ㅅ의 말ᄅ'이라는 걸 알 수 있습니다. 옛날 사람들은 사람의 말이 곧 믿음이라고 생각했습니다. 각서를 쓰고 공증을 해 놓고도 법정 공방을 벌이는 사례들이 워낙 흔해진 요즘 사람의 말은 그저 소음에 불과해져 버렸습니다.

말을 했으면 지켜야 합니다. 회사의 대표든 사업자든 너무 쉽게 말을 내뱉고, 그 말로 인해 파생된 약속들을 너무 쉽게 파기하는 사람들이 부지기수입니다.

더구나 비대면 사회로 급속하게 옮겨가는 요즘 얼굴과 얼굴, 눈과 눈을 마주하지 않고 약속을 하다 보니 그것이 지켜지지 않는 사례는 점점 더 늘어나고, 서로를 믿지 못하는 불신 풍조는 더욱 가속화됩니다.

지키지 못할 약속은 하지 않아야 하고, 약속했다면 최선을 다해서 지키기 위해 노력해야 합니다. 대부분 불법 업체는 회사와 스폰서가 한통속이 되어 사업자들을 선동하고, 사업자들은 소비자를 기만하는 구조로 되어 있습니다. 약속을 지키지 않는 사례가 반복되는데도 여전히 그곳에 몸을 담고 있는 사업자라면 그 또한 이미 신의 없는 인간이 되어 버린 것은 아닌지 한 번쯤 자신을 돌아볼 필요가 있습니다.

네트워크 마케팅은 교육 사업입니다. 전해 주고, 배우고, 익히는 과정이 끊임없이 반복되는 일이지요. 배웠으면 익혀서 자신의 것으로 만들어야 합니다. 익힌다는 말은 끊임없는 복습을 통해 내 몸과 내 입에 배도록 한다는 말입니다.

스폰서가 전해 준 내용을 익혀 실전에서 사용하고 파트너에게도 다시 전달해 줘야 합니다. 온라인이든 오프라인이든 회사와 사업에 관한 제반 사항들을 듣고 배웠다면 반드시 익히는 과정을 거쳐야 합니다. 그리고 가장 쉬운 말과, 가장 쉬운 방법으로 파트너 또는 소비자에게 전해 주는 것이 사업의 기본입니다.

유식한 척하려고 어려운 말로, 어려운 방식으로 전달하는 것은 교육이 아니라 자기 자랑일 뿐입니다. 어떻게 해서든 가장 빠른 시간에 소속된 회사와 사업에 대한 전문가가 되는 것이 성공으로 가는 가장 빠른 길입니다. 프로페셔널이란 바로 전문가를 말합니다.

7

비용도 아끼고 사람도 아껴라

子曰, 道千乘之國, 敬事而信, 節用而愛人, 使民而時 (자왈, 도천승지국, 경사이신, 절용이애인, 사민이시)
공자께서 말씀하셨다. 제후의 나라를 다스리기 위해서는 매사에 신중하고, 비용을 아끼고 사람을 사랑하며, 때에 맞춰 사람을 부려야 한다.

천승지국이란 1,000대의 전쟁용 마차를 출전시킬 수 있는 나라를 말합니다. 제후국이라고도 하지요. 제齊, 진晉, 초楚, 오吳, 월越 나라 등의 춘추오패를 포함해 전국 칠웅(초, 제, 연, 조, 한, 위, 진)도 제후국이지요. 만승지국인 주周나라는 천자의 나라입니다. 제후국이란 비교적 큰 나라를 말합니다.

네트워크 마케팅에서의 그룹 관리 지침이라고 해도 손색이 없습니다. 그룹의 일은 소규모 팀이나 개인의 일과는 달라서 문제가 발생했을 때 수습하기 쉽지 않습니다. 그러므로 항상 시뮬레이션을 거치는 등 신중하게 해야 합니다. 이렇게 추진해야 비용을 허투루 쓰지 않아 아낄 수 있습니다. 애인愛人이란 사람을 사랑한다는 뜻이고, 사랑이란 아끼고 위한다는 말입니다. 비용도 아끼고 사람도 아껴야 그룹이 튼튼해질 수 있습니다.

'비용을 아끼라'는 말은 네트워크 마케팅에 참여하는 모든 기업과 개인에게 공통으로 적용할 수 있는 항목입니다. 특히 개인의 경우는 재정을 맡아보는 사람이 따로 없으므로 항상 지출에 주의를 기울여야 합니다. 자칫하면 과다 지출이 발생하기 쉽기 때문입니다.

식사비, 찻값, 교통비, 제품 구매 비용 등등 사업하기 전에는 생각지도 못했던 비용이 하루에도 몇 번씩 발생합니다. 되도록 홈 미팅을 활용하는 것이 좋습니다. 집에서 마시는 차 한 잔 비용이라면 감당하기가 어렵지 않겠지요. 어떤 사업자는 장거리 미팅을 나갈 경우에는 상대방이 찻값을 내도록 하고, 상대방이 찾아오면 자신이 찻값을 내는 등 가장 합리적인 방식으로 비용을 절감한다고 합니다.

네트워크 마케팅을 하다가 빚을 졌다는 사람도 있습니다. 이것은 사업 자체에 문제가 있다는 말이 아니라 돈 관리를 제대로 하지 못했다는 말입니다. 절대로 들어오는 돈만 생각해서는 안 됩니다. 나갈 돈을 먼저 생각하고 아낄 방안을 마련해야 합니다.

신중하게 일을 처리하고, 경비를 아끼고 사람을 아낄 수 있다면 사업은 비교적 원만하게 진행될 것입니다. 절대로 미래의 예상 수입을 토대로 지출을 결정해서는 안 됩니다. 제후국을 경영하는 데에도 비용을 아껴야 한다면 개인 생활에서는 더 말할 것도 없겠지요.

8

사람의 무게가 위엄이다

子曰, 君子不重則不威, 學則不固 (자왈, 군자부중즉불위, 학즉불고)
공자께서 말씀하셨다. 군자가 무겁지 않으면 위엄이 없고, 배움에 있어서도 의지가 굳
지 않다.

'진중하다'는 말이 있습니다. 점잖고 무겁다는 말이지요. 2020년
현재 대한민국에서 네트워크 마케팅 방식으로 사업을 하는 회사는
약 130개 회사가 있습니다. 대표사업자 또는 리더 사업자만 해도
적어도 130명은 넘는다는 말입니다.

이렇게 많은 회사의, 그보다 더 많은 리더 중에 정말로 무거워
서 위엄이 있는 사람은 몇 명이나 될까요? 대체로 매출이 큰 회사
의 리더일수록 처신이 신중하고 무겁습니다. 선천적으로 그러한
성품을 타고난 리더도 있겠지만 리더로 성장하는 과정에서 조금
더 신중해지고 언행은 진중해졌겠지요.

갓 입문한 사업자가 리더가 되는 가장 좋은 방법은 존경할 만한 리더를 찾아 그를 따라 하는 것입니다. 네트워크 마케팅은 복제 사업이라고 합니다. 각각의 리더가 성장한 과정을 듣고 그대로 복제하는 것이지요.

콩 심은 데 콩 나고 팥 심은 데에는 팥이 납니다. 호랑이는 호랑이를 낳고, 여우는 여우를 낳으며, 생쥐는 생쥐를 낳습니다.

영혼의 무게가 조금 더 무거워져야 합니다. 산들바람에조차 팔랑팔랑 뒤집히는 마음가짐으로는 네트워크 마케팅과 회사, 제품, 시스템 등에 대해서 제대로 배우고 익힐 수 없고, 끝내 스스로 팀을 이끌어 가는 리더가 될 수 없습니다. 리더가 되지 못하면 네트워크 마케팅을 통해 정상의 자리까지 가기가 쉽지 않습니다.

그렇다면 시스템이란 무엇일까요? 시스템은 특정 재료가 완제품으로 생산될 때까지의 공정을 말합니다. 과정이라고 할 수도 있겠지요.

그릇을 만들기 위해서는 흙을 캐 와서 불순물을 제거하고, 물을 부어 이긴 다음, 물레에서 모양을 잡습니다. 모양을 잡는 과정은 고통스럽습니다. 살이 깎여 나가기도 하고, 위태로울 만큼 얇게 빚어질 때도 있으며, 때로는 다 뭉개 버리고 처음부터 다시 시작할 때도 있습니다.

겨우겨우 흙을 빚은 다음에도 숙성 과정이 필요하고, 마지막으로 엄청난 고열로 구운 다음 유약을 바르지요. 그리고는 다시 한 번 온도를 높여서 마지막 단련을 거친 다음에야 겨우 그릇으로 탄생합니다. 이러한 과정이 시스템입니다. 시스템에 들어간다는 것은 온천지에 깔린 흔하디흔한 흙이 멋진 그릇이 되기로 하고 물과 불과 살을 깎는 고통의 시간을 견디겠다는 말입니다. 그 과정을 거쳐야 비로소 사람을 담을 수 있는 그릇으로 탄생하는 것입니다. 그것이 바로 네트워크 마케팅의 근본이며 새로운 길로 들어가는 출발점입니다.

지금 당장은 조금 가벼운 성정을 가졌더라도 부단히 반성하고 개선해 나가다 보면 리더로 성장하게 되고, 그렇게 성장하면 성공자의 자리에 오를 수 있습니다. 대한민국에서 이름난 네트워크 마케팅 성공자 중에도 혼신의 노력을 기울여 성정을 바꾼 사람 적지 않습니다. 하루에 세 가지씩 반성하면 1년이면 천 가지가 넘고, 하루에 한 가지씩만 반성해도 삼백예순다섯 가지가 됩니다. 이렇게 반성하고 개선한다면 1년이라는 시간은 상전벽해桑田碧海를 이루고도 남는 시간이 될 것입니다.

9

나보다 나은 사람과 사업하라

主忠信, 毋友不如己者, 過則勿憚改 (주충신, 무우불여기자, 과즉물탄개)
성실하고 신의 있는 사람을 가까이하고, 자신보다 못한 사람은 사귀지 말라. 실수가
있을 때는 즉시 바로잡아야 한다.

성실과 신의는 아무리 강조해도 지나치지 않습니다. 공자는 지
금으로부터 약 2500년 전의 사람인데도 성실과 신의를 누누이 강
조하고 있습니다. 그때나 지금이나 사람의 마음은 그다지 바뀌지
않았다는 말입니다.

네트워크 마케팅이 진행되기 위해서는 누군가에게 사업의 개요
를 설명하고 동참하도록 해야 합니다. 바로 리쿠르팅이지요. 리쿠
르팅의 대상은 '나보다 나은 사람'입니다. 이미 공자님께서 지적
하셨군요. 많을 때는 약 3,000명의 제자가 공자를 따랐다고 합니
다. 물론 그중에는 제자의 제자, 제자의 제자의 제자까지 섞여 있

었겠지요. 의도한 바는 아니었겠지만, 이미 네트워크 마케팅 방식으로 지식과 지혜를 함께 전파하셨던 것은 아닐까요?

자신보다 못한 사람에게는 사업을 전달하기가 쉽습니다. 그러나 그 사람을 사업으로 안내하고 리더로 성장시키는 것은 지극히 어려운 일입니다. 비누 한 장, 치약 한 통을 구매하더라도 불만도 많고, 미팅에 참여할 수 없는 이유도 많습니다.

이런 사람들일수록 나중에, 이미 리더가 되어 웬만한 인간 유형은 다룰 수 있게 된 연후에 사업을 전달해야 합니다. 그런데 대부분의 초기 사업자들은 만만하게 전달할 수 있다는 이유로 나보다 못한 사람에게 전달하고 그 사람에게 끌려다니느라 기진맥진합니다. 그러다 보면 그 사람보다 자신이 먼저 사업을 그만두는 일도 허다하게 발생합니다.

힘들더라도 처음에는 자신보다 나은 사람에게 사업을 전달해야 합니다. 그 사람들은 스스로 알아보고, 결정하고, 공부하고, 사업을 진행해 나갑니다. 훨씬 수월하지요. 나 역시 나보다 나은 사람에 못지않은 사람이 되기 위해 노력해야 합니다. 특히 사업에 관한 준비가 완벽하게 돼 있어야 합니다.

말이든 행동이든, 원했든 원하지 않았든 사람은 누구나 실수할 수 있습니다. 문제는 그 실수와 과실을 얼마나 빨리 바로잡느냐는 것이지요. 사람에 대한 실수라면 과실을 인식한 즉시 사과하고 두 번 다시는 같은 실수를 반복하지 않아야 합니다.

스스로 세운 원칙을 거스른 실수라도 즉시 고쳐야 합니다. 한 번은 실수지만 두 번 세 번 반복되면 습관이 되고 결국은 인성으로 굳어지게 됩니다.

실수하고도 반성하지 않고 바로잡지 않으면 안하무인 고집불통으로 비치게 됩니다. 서서히 사람들이 떠나가는 분위기가 조성됩니다. 그렇게 되면 사업이 순조롭게 진행될 수가 없습니다.

　사과하고 반성하고 바로잡는 일은 결코 부끄러운 일이 아닙니다. 오히려 더 큰 신뢰를 얻기도 합니다. 대한민국의 대기업들이 국민에게 욕을 먹는 원인 중 하나가 사고를 치고도 끝까지 버티다가 마지못해 사과하고 재발 방지를 약속하기 때문입니다. 그렇게 재발 방지를 약속하고서도 동일한 실수를 반복하기도 합니다. 그러나 두 번 세 번의 실수는 실수가 아니라 습관이며 그 회사의 시스템이며 문화 일부입니다.

10

절제하라 배운 대로 실천하라

子曰, 君子食無求飽, 居無求安, 敏於事而, 愼於言, 就有道而正焉, 可謂好學也已 (자
왈, 군자식무구포, 거무구안, 민어사이, 신어언, 취유도이정언, 가위호학야이)
공자께서 말씀하셨다. 군자는 밥을 먹어도 배가 부를 정도로 먹지 않고, 거처하되 편
안한 곳만을 찾지는 않는다. 일을 처리할 때는 민첩하게 하고, 말을 신중하게 하고, 도
를 좇아 바로잡는다면 배우는 것을 좋아한다고 할 만하다.

현대인들이 겪고 있는 난치병들은 대부분 너무 잘 먹고 많이 먹
어서 생겼다고 합니다. 사람마다 입맛은 다르겠지만 지나치게 많
이 먹는 것은 자신의 건강을 위해서도 바람직하지 않고, 보는 사
람들의 눈에도 좀 미련하게 보일 때가 있습니다. 배가 터지도록
먹고 나면 또 장시간의 식곤증에 시달리게 마련이지요.

네트워크 마케팅 사업자들은 직장에 매인 신분이 아니기 때문
에 자신이 원한다면 얼마든지 쉴 수 있습니다. 과식은 휴식을 부
르고 휴식은 다시 나태로 이어지기 쉽습니다. 건강을 위해서도 사

업을 위해서도 식사 조절을 잘하는 것이 중요합니다.

이 말은 그저 먹는 것에 대한 경계이기도 하지만 삶 전반에 걸친 절제에 관한 이야기입니다. 과유불급過猶不及이라는 말이 있지요. 지나친 것은 부족한 것만 못하다는 뜻입니다. 먹는 것에 대한 충동은 이성에 대한 충동과 함께 인간이 지닌 가장 기본적인 욕구 중 하나입니다. 먹는 것을 절제할 수 있다는 것은 여타의 다른 유혹과 욕망 또한 스스로 다스릴 수 있다는 뜻입니다.

또 너무 편하게만 지내려고 하지 않아야 합니다. 네트워크 마케팅을 통해 돈을 벌고 성공하게 되면 원하지 않아도 편안하게 지낼 수밖에 없습니다. 하지만 아직 목표를 달성하기도 전에 지나치게 편안하게 지내려고 하는 것은 자칫 과소비와 낭비를 초래할 수 있습니다. 불편하고 부당한 대우를 몸소 겪고 통과하는 동안 의식은 더욱더 단단해질 수 있습니다.

네트워크 마케팅뿐만 아니라 무슨 일이든 미뤄서는 안 됩니다. 미루다 보면 막판에 서두르게 되고 서두르다 보면 실수하게 되고, 실수가 반복되면 그 정도 능력밖에 안 되는 사람으로 굳어지게 됩니다.

민첩하게 일을 해치우고 보고하는 것과 주절주절 말만 늘어놓고 일을 마무리 짓지 못하는 것은 하늘과 땅 차이입니다. 천성적으로 말이 앞서는 사람이 있을 수 있지만, 말을 내뱉었다면 반드시 지킬 줄 알아야 합니다.

크고 작은 미팅에서 사업자들은 꿈과 목표에 대해서 발표할 때가 많습니다. 언제까지 무슨 직급을 달성하겠다고 외치고는 하지요. 그렇지만 대부분 사람은 자신이 외친 직급을 자신이 외친 기간에 달성하지 못합니다. 이상은 크지만, 행동은 굼뜨기 때문입니다. 그들은 자신의 목표가 아니라 막연한 기대를 목표인 양 외친 것입니다. 다이아몬드가 되어 돈 걱정 안 하고 살고 싶기는 해도 몸을 움직이고 고객을 만나는 것은 싫기 때문입니다.

무슨 일이든 성공하기 위해서는 마음에 거리끼는 일, 싫어하는 일을 해내야 합니다. 인터넷 게임조차도 실패한 구간을 끝없이 반복하면서 전진해 나가는데 하물며 인생을 바꾸는 사업이 일사천리 장애물 없이 이루어지기야 하겠습니까?

'도를 좇는다'는 말은 비전과 이상과 꿈을 향해 나아간다는 말입니다. 꿈을 향해 가다 보면 길을 잘못 들 수도 있고, 넘어질 수도 있으며, 포기하고 싶은 유혹이 찾아올 때도 있습니다. 그러나 그런 마음들을 다잡고, 배운 대로 익힌 대로 해나가야 합니다. 배우는 것을 좋아한다는 말은 곧 배운 대로 실천하는 것을 좋아한다는 말입니다.

11

가난할수록 당당하라
부유할수록 겸손하라

子貢曰, 貧而無諂, 富而無驕, 何如. 子曰, 可也, 未若貧而樂, 富而好禮者也 (자공왈, 빈이무첨 부이무교, 하여, 자왈, 가야, 미약빈이락, 부이호례자야)
자공이 말했다. 가난하되 아첨하지 않고, 부유하되 교만하지 않으면 어떻습니까? 공자께서 말씀하셨다. 괜찮다. 하지만 가난하면서도 도를 즐기고, 부유하면서도 예를 좋아하는 것만 같지 못하다.

자공 역시 공자를 가장 가까이에서 모신 제자 중 한 사람입니다.

가난이 무서운 이유 중 하나가 바로 이것입니다. 가난하면 어쩔 수 없이 아첨하게 됩니다. 교언영색 하면서 상대방의 환심을 사려고 하지요. 불행하게도 창립자가 부자라는 이유로 그 회사를 선택하는 사업자들이 적지 않습니다. 그들의 마음이 부자에게로 기우는 까닭은 자신들이 가난하기 때문이고, 또 부자의 환심과 적선을 기대하기 때문입니다.

회사의 주인이 부자라고 소문났던 기업들은 대부분 문을 닫았습니다. 부자들이 세운 네트워크 마케팅 업체는 그들에게는 있어도 그만 없어도 그만인 하나의 소일거리였던 것입니다. 전통적인 방식의 사업과는 달리 많은 사람에게 추앙받고 박수받는 재미로 시작했다가 조금만 저조하고 실적이 나지 않으면 언제라도 문을 닫아버릴 수도 있습니다.

재벌가에 한 다리 걸쳤다는 많은 업체가 도전했지만, 결국 고배를 마시고 서둘러 문을 닫았습니다. 그들에게는 네트워크 마케팅 말고도 돈 되는 일이 수두룩하고, 더 재미있는 놀 거리도 무궁무진합니다.

정상적으로 부를 일군 부자들이라면 아첨하는 사람을 좋아하지는 않을 것입니다. 아첨하는 얼굴은 비굴하게 보일 수밖에 없고, 비굴한 얼굴은 결코 아름답지 않을 테니까요.

이 장章은 공자가 이상주의자라는 사실이 분명하게 드러나는 부분입니다. 네트워크 마케팅을 선택한 사람들로서는 선뜻 받아들이기 힘든 부분일 수도 있겠네요. 분명한 것은 부유하면서도 예를 좋아할 수는 있어도, 가난하면서도 도를 즐기기는 쉽지 않다는 것입니다. 아마도 공자는 이것이 어렵다는 것을 알고 있었기 때문에 자공에게 한 단계 높은 경지를 이야기한 것인지도 모르겠습니다.

네트워크 마케팅을 통해 성공의 언저리까지 간 사람이라면 이 말을 명심해야 합니다. 돈 좀 생겼다고 교만해진다면 겨우겨우 일궈낸 그것마저 잃어버리기에 십상입니다. 대한민국에서 네트워크 마케팅이 30여 년을 이어 오는 동안 얼마나 많은 부자가 탄생했을까요? 그렇게 많이 탄생했던 부자들 중에 지금까지 유지하는 사람은 몇 명 되지 않습니다.

돈을 많이 벌었다는 것은 분명히 자랑스러운 일이지만 그 자랑스러운 업적이 오히려 자신을 옭아매어 나락으로 끌고 가는 일이 발생해서는 안 됩니다. 네트워크 마케팅을 통해 부자가 됐다면 그 부를 지키기 위해서라도 검소하고 겸손하며 다른 사람들에게 공손할 수 있어야 합니다.

12

다른 사람을 인정하라
인정받을 만큼 노력하라

子曰, 不患人之不己知, 患不知人也 (자왈, 불환인지불기지, 환부지인야)
공자께서 말씀하셨다. 남이 자신을 알아주지 않는다고 근심하지 말고, 자신이 남을 알아주지 못하는 것을 근심하라.

누군가 나를 알아준다는 것은 정말 근사한 일이지요. 은퇴한 운동선수나 한물간 연예인들이 현실 생활에 제대로 적응하지 못하는 원인 중 하나가 자신을 알아주는 사람이 점점 없어지기 때문이라고 하지요. 인정받는다는 것은 정말 기분 좋은 일이지만, 그전에 남을 먼저 인정해 줄 줄 알아야 합니다.

인간은 질투라는 감정으로 똘똘 뭉쳐 있어서 사촌이 땅을 사면 배가 아픈 것입니다. 상대방을 인정하기 위해서는 질투심을 억눌러야 하므로 더욱더 쉽지 않은 일입니다.

그러나 쉽지 않은 일이라도 한 번 두 번 반복하면 습관이 되고 그 습관은 인성으로 굳어집니다. 그래서 네트워크 마케팅에서 성공한 리더들은 대부분 겸손하면서 다른 사람에 대해서는 폭풍 칭찬을 쏟아 낼 수 있는 것입니다.

남들이 나를 알아주지 않는 것은 실력이 그들의 눈높이까지 도달하지 않았기 때문입니다. 매일같이 배우고 익혀 현장을 누비다 보면 실력이 쌓이게 마련이고, 아무리 냉소적인 사람도 실력 앞에서는 고개를 끄덕일 수밖에 없습니다. 재미있는 것은 자신의 실력이 느는 만큼 다른 사람을 인정하는 실력도 함께 는다는 사실이지요.

13

흔들리지 말고 늘 그 자리를 지켜라

子曰, 爲政以德, 譬如北辰, 居其所而, 衆星共之 (자왈, 위정이덕, 비여북신, 거기소이, 중성공지)
공자께서 말씀하셨다. 덕을 바탕으로 정치를 하는 것은 마치 북극성은 제자리에 있는 데 뭇별들이 북극성을 향하는 것과 같다.

조변석개朝變夕改라는 말이 있습니다. 아침에 바꾼 것을 저녁에 다시 고친다는 말입니다. 이런 회사들이 적지 않지요. 이런 회사라면 경영자가 제대로 경영 수업을 받지 못했을 가능성이 큽니다. 자주 바꾼다는 것은 원칙이 없다는 것이고, 원칙이 없다는 것은 장기적인 운영 계획을 세울 수 없다는 말이기도 합니다.

요즘의 기업 환경은 워낙 급변하는 탓에 변화는 불가피한 것입니다. 그렇지만 네트워크 마케팅 기업의 근간이라고 할 수 있는 보상 플랜 등을 사업자들이 따라갈 수 없을 정도로 자주 바꾸게 되면 사업자들의 마음도 바뀌게 되고 회사를 떠나는 일이 발생합니다.

경영자도 최고 리더도 북극성처럼 움직임이 없어야 합니다. 진 중해야 합니다. 사업자는 회사와 최고 리더가 제시하는 비전에다 로프를 걸고 높은 산을 오르는 암벽등반가와 같습니다. 로프를 매 어 놓은 바위나 나무가 작고 가벼워 쉽게 움직인다면 산을 오르 던 사람은 떨어질 수밖에 없습니다.

묵묵하지만 항상 같은 자리에서 변함없이 빛을 밝혀 주는 북극 성 같은 경영자가 되고 스폰서가 되어야 합니다.

일을 하다 보면 더 좋은 제품, 더 좋은 보상 플랜을 장착한 회사 들이 하루가 멀다 하고 나타나 유혹의 손길을 뻗어 옵니다. 이런 유혹에 흔들려서는 오래갈 수 없습니다. 이름난 리더들이 성공할 수 있었던 비결은 오래도록 흔들리지 않고 북극성처럼 한 자리를 지켰기 때문입니다.

그들인들 왜 유혹이 없었겠습니까? 지금 이 시각에도 그들을 유혹하는 회사와 사업자가 있을 겁니다. 유능한 리더를 가진다는 것은 곧 기업의 성공을 뜻하기 때문입니다. 흔들리는 나무에는 새 도 나비도 앉을 수가 없고 더더구나 둥지를 튼다는 것은 상상도 할 수 없는 일입니다.

14

먼저 배우고 이어서 창조하라

子曰, 溫故而知新, 可以爲師矣 (자왈, 온고이지신, 가이위사의)
공자께서 말씀하셨다. 옛것을 배우고 새것을 알면 스승이 될 수 있다.

많이 들어본 말입니다. 전통의 바탕 위에서 새로운 것을 창조하여 덧붙이고 트렌드를 선도하는 사람이라면 다른 사람을 가르치고 이끌 수 있다는 말입니다. 스폰서가 어떠해야 하는지를 잘 알려주는 말입니다.

네트워크 마케팅은 복제 사업이지만, 많은 초보 사업자가 자기 생각대로 하고 싶어 합니다. 저마다 살아온 방식이 다르고, 특히 자영업을 경험한 사람들은 자신만의 노하우를 접목하고 싶어 하는 것이지요. 나쁘지는 않습니다만 먼저 기초반을 수료한 다음에 응용반 또는 실전반으로 올라가는 것처럼 기본, 즉 옛날부터 내려오는 전통적인 네트워크 마케팅 기법부터 제대로 익힌 다음에 자신의 아이디어를 접목해 나가는 것이 좋습니다.

옛날이나 지금이나 황당무계하고 얼토당토않은 사업 계획과 보상 플랜 등을 만들어 새로운 사업이랍시고 가져오는 사람들이 허다합니다. 새롭지만 사업 같지도 않은 일을 구상하는 이유는 처음 네트워크 마케팅을 배울 때 온고지신하지 못했기 때문입니다.

어떤 회사에서 처음 네트워크 마케팅을 경험하느냐가 그 사람의 인생을 바꿔 놓을 수 있습니다. 지금도 약 130개 회사가 있지만, 이 회사들이 모두 네트워크 마케팅의 이론에 입각한 올바른 회사라고는 말하기 힘듭니다. 만약 당신이 초보자라면 조금 더뎌도 좋으니 많은 회사를 찾아가서 리더 사업자와 임직원을 만나 회사의 근본과 그들이 추구하는 것에 대해 상세히 물어볼 필요가 있습니다.

15

말한 것을 지키는 것이 신의다

子貢問君子, 子曰, 先行其言, 以後從之 (자공문군자, 자왈, 선행기언, 이후종지)
자공이 군자에 관해 묻자 공자께서 말씀하셨다. 먼저 그 말을 행동으로 보이고 그 후에 사람들을 따르게 한다.

공자께서도 거듭거듭 말을 신중히 해야 한다고 강조하고 있습니다. 자공은 공자의 제자입니다. 공자가 말하는 군자, 동양 사회에서 말하는 군자는 먼저 행동하고 나중에 말하는 사람입니다. 그리고 말을 했다면 반드시 지키려고 노력해야 합니다.

네트워크 마케팅에서의 군자라는 의미는 원칙대로, 정석대로 사업을 진행해 나가는 사람이라고 할 수 있겠지요. 말을 했다면 반드시 지켜야 합니다. 그러기 위해서는 어느 정도 일을 진척 시켜 놓거나, 최소한 계획이라도 수립한 이후에 말을 해야 합니다.

군자가 운영하는 회사라면 끝없이 말만 늘어놓는 회사와는 분명히 다를 것입니다. 말이란 곧 신의와 신뢰입니다.

합당한 이유 없이 약속을 지키지 않는 회사라면 더 이상 기대할 것도 없습니다. 그곳에서 나와야 합니다. 그렇지 않으면 당신 또한 똑같은 사람으로 취급받게 됩니다.

16

공평하라

子曰, 君子周而不比, 小人比而不周 (자왈, 군자주이불비, 소인비이부주)
공자께서 말씀하셨다. 군자는 두루 통하여 편파적이지 않고, 소인은 편파적이어서 두
루 통하지 않는다.

회사는 특정 그룹만을 편애하고, 스폰서는 특정 팀만을 편애한
다면 회사도 개인도 성공하기가 쉽지 않을 것입니다. 네트워크 마
케팅에서의 회사와 사업자는 수직관계가 아니라 수평적인 관계
입니다.

사업자는 회사에 소속되지 않고 단지 협력하는 관계에 지나지
않습니다. 회사의 월급을 받는 직원이 아니라 그 회사의 제품을
소비하고 판매해 주는 고객이기 때문입니다. 그러므로 당연히 많
이 팔고 많이 소비해 주는 그룹을 예뻐할 수밖에 없는 것이 인지
상정입니다. 그렇지만 대실적과 소실적이 언제든지 바뀔 수 있는

것처럼 사람의 일이란 모르는 것입니다.

백성들은 가난한 것에 분노하지 않고 불공정한 것에 분노한다고 했습니다. 마음까지 공정하면 더할 나위 없겠습니다만, 그렇지 않다면 겉으로 시행하는 모든 프로모션과 포상만이라도 공평해야 합니다. 그래야 오래갈 수 있고 훗날을 도모할 수 있습니다. 대기만성大器晚成이라는 말을 늘 가슴에 품고 산다면 좀 늦된 그룹과 파트너라도 기다려 줄 수 있을 것입니다.

17

배우고 생각하라 그리고 움직여라

子曰, 學而不思則罔, 思而不學則殆 (자왈, 학이불사즉망, 사이불학즉태)
공자께서 말씀하셨다. 배운 다음 깊이 생각하지 않으면 도리에 어둡고, 생각만 하고
배우지 않으면 위태롭게 된다.

배우고 나서 생각하지 않으면 배우지 않은 것만 못합니다. 마이
동풍馬耳東風이라는 말이 있지요. 생각하고 곱씹지 않으면 아무리
훌륭한 가르침이라도 물거품이 되고 맙니다. 언뜻 이상주의자처
럼 보이는 공자는 사실은 실천주의자였습니다. 제자들이 배운 것
을 행하지 않으면 싫어하고 질책했습니다.

네트워크 마케팅도 다른 모든 일과 같습니다. 새로운 것을 배우
면, 실천 방안을 강구하고 계획을 세워 행동에 옮겨야 하는 것이
지요. 사업을 잘해 나가는 사람들은 계획이 뚜렷하고 행동이 민첩
하며 꾸준히 움직입니다.

반대로 생각만 하고 배우지도 행동하지도 않는 사람들이 많습니다. 업계에 이름난 수많은 명강사가 정작 자신의 사업은 제대로 해나가지 못하는 것도 이와 같은 이치입니다. 생각하고 말하는 것은 방구석에 누워서도 얼마든지 할 수 있는 일입니다.

그러나 행동으로 옮기는 것은 다릅니다. 얼마간 치욕을 겪기도 하고, 상처를 받기도 하며, 분노에 휩싸이기도 합니다. 부지런히 움직이는 사람들은 매일같이 치욕과 상처와 분노를 반복해서 수용하는 사람들입니다. 다만 그들은 그런 부정적인 반응을 더 움직여야 하는 동기로 받아들이기 때문에 전진할 수 있는 것입니다.

18

종교든 사업이든 이단은 해악이다

子曰, 攻乎異端, 斯害也已 (자왈, 공호이단, 사해야이)
공자께서 말씀하셨다. 이단을 배우는 것은 해로울 뿐이다.

바야흐로 현대는 이단의 시대라고 해도 좋겠습니다. 특히 종교
계를 바라보면 수많은 이단이 출몰하고 또 득세하고 있습니다. 공
자께서 말하는 이단은 전통적인 가치에서 벗어나 잔꾀를 부리고,
백성들을 혹세무민惑世誣民하는 무리입니다.

이단이란 새로운 것을 의미하지는 않습니다. 새로운 것은 발전
이며 발견이며, 변화이기도 합니다. 그러나 이단은 변종이지요.
고루하면서 이기적이고, 소수의 이익을 위해 나머지의 구성원의
희생을 요구합니다.

네트워크 마케팅에서의 이단도 종교적 이단 못지않게 위험하고
개인과 가정의 경제에 치명타를 가할 수 있습니다. 네트워크 마케

팅에서 이단이라면 대한민국 법률에 근거하지 않고 설립된 회사를 첫손에 꼽을 수 있습니다. 이단의 특징은 그 생명력이 길지 않다는 것입니다. 종교적 이단은 그 믿음 하나로 버티고 지속할 수 있지만, 네트워크 마케팅에서의 이단은 추종자들에게 금전적인 영광을 안겨 주지 못하면 이내 해체되고 교주와 그의 측근들은 감옥으로 가게 됩니다. 설령 감옥에 가지 않더라도 끝없이 이어지는 고소와 고발로 경찰서와 검찰청을 수시로 오가야 합니다. 그렇게 해서 인생 자체가 망가졌거나 망가지고 있는 사람이 부지기수입니다.

이단은 해로울 뿐입니다. 어쩌다 이단을 통해 돈맛을 볼 수도 있겠지만 그런 돈은 오래가지 않습니다. 그렇게 돈을 벌었다는 사람들이 여전히 테헤란로를 헤매고 있다는 사실이 바로 그 증거입니다.

어쩌다 재미 삼아 라스베이거스의 도박장에 가고, 강원도 정선의 카지노에 갈 수는 있어도 직업으로 도박을 선택한 사람은 극히 드뭅니다. 그 드문 도박사들의 말로는 어떨까요? 이단은 도박과 같습니다. 잃어도 좋을 돈 몇 푼으로 노름할 수는 있지만 지속적 수입은 창출할 수 없습니다.

19

스폰서가 바로 서야
파트너가 바로 선다

哀公問曰, 何爲則民服, 孔子對曰, 擧直錯諸枉, 則民服, 擧枉錯諸直, 則民不服 (애공문
왈, 하위즉민복, 공자대왈, 거직조저왕, 즉민복, 거왕조저직, 즉민불복)
애공이 물었다. 어떻게 하면 백성들이 따르겠소? 공자께서 대답했다. 바르고 곧은 사
람을 휘고 굽은 사람 위에 두면 백성들이 따르겠지만, 휘고 굽은 사람을 바르고 곧은
사람 위에 두면, 백성들은 따르지 않을 것입니다.

　애공은 춘추 시대 제나라의 왕족입니다. 예나 지금이나 권력자
들은 백성들의 마음을 얻는 것이 가장 큰 당면 과제인 모양입니
다. 지금으로 치자면 지지율을 높일 수 있는 방안을 공자에게 물
은 것이지요. 네트워크 마케팅 기업과 스폰서 역시 회원과 파트너
의 지지율에 신경을 쓰지 않을 수 없을 것입니다.
　중국은 사방이 열려 있는 대륙이기 때문에 언제든 국적을 바꿀
수 있었습니다. 당시에는 국적이라고 할 것도 없었지요. 노나라가
마음에 들지 않으면 제나라나 위나라 한나라 등지로 옮겨 가 살

수 있었습니다.

　네트워크 마케팅도 마찬가지지요. A사가 마음에 들지 않으면 얼마든지 B, C, D 등 130개 회사 중에 선택해서 옮겨 갈 수 있습니다. 그러므로 백성들의 지지율에 기업의 존폐가 달려 있다고 해도 지나치지 않습니다.

　공자는 대답합니다. 올바른 사람을 등용하면 백성들이 따르겠지만, 그 반대의 사람을 등용하면 백성들은 따르지 않을 것이라고요. 이 글을 읽으면서 뜨끔해하는 리더가 있을지도 모르겠습니다.

　네트워크 마케팅의 성패는 사람에 달려 있습니다. 아무리 돈이 많고, 제품이 좋고, 보상 플랜이 훌륭해도 창립자나 경영자의 인성에 문제가 있다면 더 볼 것도 없습니다. 마찬가지로 최고 리더에게 문제가 있다면 결코 그 회사를 선택해서는 안 됩니다.

　그러나 많은 사람은 그들의 교언영색에 넘어가 허송세월하고 '그럴 줄 알았다'며 그 회사를 떠납니다. 정말 좋은 회사와 진정으로 훌륭한 스폰서는 지름길과 당근을 먼저 보여 주지 않습니다. 자갈길과 첩첩산중을 보여 주고 함께 갈 수 있는 방안을 제시합니다.

　네트워크 마케팅은 어떤 경영자, 어떤 스폰서를 선택하느냐가 성공의 절반 이상을 결정합니다. 호황기에는 누구나 뛰어난 경영자로 비쳐질 수도 있습니다. 그러나 코로나19와 같은 위기 상황에서 경영자와 스폰서의 진정한 실력이 드러납니다. 프로복싱 헤비급 전 챔피언 마이크 타이슨이 그랬다지요. "한 방 맞기 전에는 모든 것이 잘돼 갈 거라고 생각한다"고.

　회사가 성공하기 위해서 가장 먼저 훌륭한 리더 사업자를 찾아야 합니다. 당연히 리더 사업자는 자신보다 훌륭한 경영자를 찾게 되겠지요. 일반 사업자도 마찬가지입니다. 훌륭한 스폰서와 나보다 나은 파트너를 찾아야 성공으로 가는 길이 조금 더 즐겁고 수월해 집니다.

이것이 바로 팀워크이지요. 네트워크 마케팅은 결코 혼자서는 성공할 수 없는 사업입니다. 회사와 리더, 스폰서와 파트너가 힘을 모아서 함께 정상까지 가는 일입니다. 곧고 진중한 리더를 위에다 둬야 조직 자체가 곧고 진중해집니다. 이리저리 가볍게 뒤채는 사람이 윗자리를 차지한다면 조직 자체가 함께 가벼워집니다.

20

세상만사는 자신이 하기 나름

季康子問, 使民敬忠以勸, 如之何, 子曰, 臨之以莊則敬, 孝慈則忠, 舉善而敎不能則勸
(계강자문, 사민경충이근 여지하, 자왈, 임지이장즉경, 효자즉충, 거선이교불능즉권)
계강자가 물었다. 백성들이 존경할 뿐만 아니라 충성스럽고 부지런하게 하려면 어떻
게 하면 되겠소? 공자께서 말씀하셨다. 백성을 대할 때 거동을 단정히 하면 존경하게
될 것이고, 부모님께 효도하고 아랫사람을 사랑한다면 충성하게 될 것이며, 착한 사람
을 등용하고 능력이 모자라는 사람을 가르쳐 준다면 백성 또한 선행에 힘쓸 것입니다.

계강자는 공자와 같은 노나라 사람입니다. 왕족으로 국정을 맡
기도 했습니다. 정치하는 사람들은 누구나 존경과 충성을 받고 싶
은 모양이네요. 경영자와 스폰서들의 마음도 계강자의 마음과 별
반 다르지 않을 것입니다. 그 방법을 공자께 물었습니다.

네트워크 마케팅뿐만이 아니라 어느 회사 어떤 집단이든 거들
먹거리거나 경박한 사람을 존경하지는 않을 것입니다. 당연히 충
성심을 기대할 수는 없겠지요. 세상의 모든 일은 제가 하기 나름

이라는 게 공자님 답변의 요지입니다.

어떤 사람들은 인성을 파악하는 것이 어렵다고 합니다. 대부분의 인성은 말과 태도에서 드러납니다. 아무리 숨기려고 해도 그 사람의 언행을 유심히 지켜보면 신뢰할 수 있는 사람인지 그렇지 않은 사람인지 드러나게 됩니다.

회사의 높은 사람이나 리더 사업자가 단정한 복장을 하고 겸손하게 다가온다면 누구나 마음의 문을 열고 함께 소통할 수 있을 것입니다. 또 그 사람이 자신의 가족을 대하는 것을 보면 가족이 아닌 다른 사람을 어떻게 생각하는지 짐작할 수 있습니다. 부하 직원을 자애롭게 대하는 경영자가 사업자를 함부로 대할 리가 없겠지요.

어떤 경영자들은 사업자들로부터 인정받지 못하는 사람을 높은 자리에 앉히는 바람에 사업 자체를 망치기도 합니다. 겸손하고 능력 있는 사람을 등용해야 사업자들로부터 신임을 얻고 존경받을 수 있습니다. 설령 능력이 좀 떨어지는 사람이라도 인성이 괜찮다면 하나씩 하나씩 가르쳐서 쓸 수가 있습니다.

반대로 능력은 있지만, 인성이 천박하거나 잔학한 사람이 성공하게 되면 본성을 드러내고 이런저런 사고를 치게 됩니다. 인사人事는 경영자의 인간관과 수준을 측정할 좋은 기회입니다. 누구를 등용하느냐를 보면 그 사람을 알 수가 있습니다.

21

신의가 없으면
어떤 일에서도 성공하기 힘들다

子曰, 人而無信, 不知其可也, 大車無輗, 小車無軏, 其何以行之哉 (자왈, 인이무신, 부
지기가야, 대거무예, 소거무월, 기하이행지재)
공자께서 말씀하셨다. 사람이 되어 신의가 없으면 아무 쓸모가 없다. 큰 수레에 끌채
가 없거나 작은 수레에 끌채 고리가 없다면, 어떻게 그것을 움직이겠는가?

신의 또는 신뢰는 내뱉은 말을 지키는 데에서 비롯됩니다. 뱉어
놓은 말을 지키지 못하는 사람이라면 무슨 일을 맡겨도 제대로
해낼 가능성이 없습니다. 신의가 없다는 것은 자동차에서 작지만
없어서는 안 될 부품이 빠진 것과 같습니다. 아무리 작은 자동차
라도 열쇠가 없거나, 핸들이 없다면 시동이 걸리지 않거나 움직일
수가 없는 것과 같은 이치입니다.

말은 곧 약속이기도 합니다. 누군가를 대상으로 한 말도 약속이
지만 자기 자신에게 건넨 말도 약속입니다. 자신과의 약속은 세상
모든 사람이 모를 수는 있어도 그 말을 뱉은 자기 자신은 잘 알고

있을 것입니다.

　세상의 모든 일은 말과 약속이 지켜지는 가운데서 시작되고 번창합니다. 다른 사람에게 신뢰를 주지 못한다면 그 어떤 일도 이루어지지 않을 것입니다. 말이라는 것은 너무나 흔하고 생각나는 대로 지껄일 수 있는 것입니다.

　갓난아기의 옹알이처럼 혼자서 흥얼거리는 말이 아니라 자기 자신을 포함한 누군가를 향해 흥얼거리는 말이라면 그것에 책임을 져야 합니다. 책임지지 못 하는 말은 짐승들이 내는 소리와 다를 것이 없습니다. 사람의 말信이 곧 신뢰이며 신의입니다.

22

배려할 줄 아는 회사를 선택하라

子曰, 里仁爲美, 擇不處仁, 焉得知 (자왈, 리인위미, 택불처인, 언득지)
공자께서 말씀하셨다. 인이 베풀어지는 곳은 아름답다. 인이 베풀어지지 않는 곳을 택
한다면, 어찌 지혜롭다 하겠는가?

정치하는 사람들이 어질고, 시민들도 어진 곳이라면 얼마나 평
화로우며 살기 좋을까요? 네트워크 마케팅 회사를 선택할 때도
이런 곳을 골라야 합니다. 많은 사람은 회사를 선택할 때 가장 중
요한 사람을 보지 않고 제품과 보상 플랜과 사주가 가진 돈만 보
는 경향이 있습니다. 돈 가진 사람이 회사를 설립했으므로 떡고물
이라도 한 줌 정도 얻어먹을 수 있을 것 같기 때문입니다.

그러나 어림도 없는 이야기지요. 있는 사람들이 더하다는 말이
있습니다. 더 많이 벌어서 더 큰 부자가 되기 위해 회사를 설립한
사람이 왜 이유 없이 떡고물을 떼어 줄 거로 생각하는지 이해할

수가 없습니다.

　회사를 선택할 때는 그 회사를 그만둔 사람을 만나 그만둔 이유를 들어 보는 게 가장 좋은 방법입니다. 물론 그만둔 사람은 부정적인 이야기를 할 수밖에 없습니다. 그래야 자신이 포기한 사실이 정당화되니까요. 그 사람의 말을 다 들었다면 이번에는 그 회사에서 열심히 일하는 사람을 만나 부정적으로 이야기했던 부분을 다시 들어 본다면 실상을 잘 알 수 있을 것입니다.

　큰 회사들은 이미 어느 정도 검증이 끝났다고 봐도 되겠지요. 이제 막 탄생했거나 그동안 두각을 나타내지 못했던 회사라면 사업자 스스로 꼼꼼하게 검증해 봐야 튼튼하고 건강하며, 성장 가능성도 큰 곳을 찾아낼 수 있습니다. 그 모든 조건 중 가장 중요한 것은 경영자와 리더라는 사실 명심해야 합니다.

23

궁핍도 즐거움도 기꺼이 받아들여라

子曰, 不仁者, 不可以久處約, 不可以長處樂 (자왈, 불인자, 불가이구처약, 불가이장처락)
공자께서 말씀하셨다. 어질지 못한 사람은 궁핍함에 오래 처해 있지 못하고, 즐거움에
도 오래 처해 있지 못한다.

한곳에 오래 처해 있을 수 없다는 것은 그 사람의 처신이 가볍
다는 것을 말합니다. 의지가 굳셀 것 같은 사람도 조금만 어려워
지면 사람이 돌변하는 것을 볼 때가 있습니다. 시련과 고통을 견
디는 것이 쉬운 일은 아닙니다, 그렇지만 아무리 심대한 고통이라
도 시간이 흐르면 함께 지나가게 돼 있습니다. '이 또한 지나가리
라'는 말이 시련과 고통의 한시성을 잘 나타내 줍니다.

고통에 과잉 반응하는 사람은 즐거움도 오래 누리지 못합니다.
뭔가 지속하는 것을 견디지 못하는 것이지요. 안정적인 궤도에 도
달한 회사가 갑자기 무너지는 이유가 바로 이 때문입니다. 경영자

도 리더 사업자도 돈을 지키는 능력이 부족한 것이지요. 끊임없이 합당하지 않은 무언가를 시도하고 도모하다가 천신만고 끝에 도달한 영광의 자리가 일장춘몽으로 끝나 버립니다.

　진정으로 어진 사람은 그 편안함을 누릴 줄 압니다. 몸과 마음이 함께 편안한데 굳이 꼼수를 쓰거나 남을 속일 이유가 있을까요? 시간적 경제적 자유를 얻었다면 그것을 누려야 합니다.

　지혜로운 사람은 자신에게 주어진 어진 환경과 자신의 어짊을 활용해 사업을 더 키우기도 합니다. 부익부 빈익빈富益富貧益貧이라는 말처럼 '인익인仁益仁' 즉, 인에 인을 더해 어진 사람들을 더 많이 규합하는 것이지요. 그러므로 자신이 조금 덜 어질다면 어진 사람 곁에 있어야 합니다. 네트워크 마케팅은 팀 사업이므로 큰 과실만 저지르지 않고 어진 스폰서 곁을 지킨다면 상승기류에 떠밀려 함께 성공할 수가 있습니다.

24

올바른 돈이 오래간다

子曰, 富與貴, 是人之所欲也, 不以其道得之, 不處也, 貧與賤, 是人之所惡也, 不以其
道得之, 不去也 (자왈, 부여귀, 시인지소욕야, 불이기도득지, 불처야, 빈여천, 시인지
소오야, 불이기도득지, 불거야)
공자께서 말씀하셨다. 부유함과 고귀함은 사람들이 바라는 바이지만, 올바른 길을 통
해서 얻은 것이 아니라면 누리지 마라. 그리고 가난함과 천박함은 사람들이 싫어하는
바이지만 올바른 길을 통해서도 벗어날 수 없다면 피하지 말아야 한다.

참 어려운 부분에 도달했습니다. 올바른 길을 통해서든 잘못된
길을 통해서든 부귀영화를 얻을 수 있다면 그것을 마다할 사람이
얼마나 있을까요? 가난하고 구질구질한 인생이라도 올바른 길을
통해서도 벗어나지 못한다면 감수해야 한다니요.

그런데 곰곰이 생각해 보면, 특히 네트워크 마케팅에 국한해서
생각해 보면 잘못된 길을 통해 부유함을 누렸던 사람들은 오래가
지 못했습니다. 감옥에 가든지, 흥청망청 써 버리고 다시 가난했

던 상태로 돌아갔습니다.

비록 큰돈을 벌지는 못했지만 정당한 방식을 고수했던 사람들에게는 거기에 상응하는 기회가 주어진 경우가 많습니다. 돈을 벌고도 떳떳하지 못한 사람과, 비록 여전히 가난한 가운데에 있지만 당당한 사람 중에서 친구를 고르라면 누구를 택할까요? 대부분은 당당한 빈자를 택할 것입니다. 그런 사람에게서는 향기가 나지요.

네트워크 마케팅은 이 세상에서 보기 드물 만큼 정직한 사업입니다. 정직하게 해야 좋은 결과가 나오는 사업이라는 말입니다. 차근차근 차곡차곡 쌓는다면 기울인 정성과 노력만큼의 대가가 반드시 돌아오는 사업입니다. 그러나 모래 위에 집을 짓듯이 얼렁뚱땅 급하게 높고 크게 이룩한 성과는 반드시 무너지게 돼 있습니다.

부유하다는 것은 재산이 많다는 말입니다. 귀하다는 말은 지위나 벼슬이 높다는 말입니다. 네트워크 마케팅을 통해서 부유하게 될 수는 있어도 귀하게 되기는 어렵습니다. 그렇지만 귀하다는 말을 '된 사람'이라고 정의한다면 부귀를 함께 누린다고 해도 되겠습니다.

천민 자본주의라는 말이 있습니다. 돈이 된다면 무슨 일이든 가리지 않고, 돈이라면 불가능한 일이 없다고 생각하는 사고방식을 말합니다. 개처럼 벌어서 정승처럼 쓴다는 우리 속담도 있으니, 번 것은 그렇다 치고, 어떻게 쓰느냐에 따라 고귀하게 될 기회가 한 번 더 남아 있습니다. 많은 사람들이 "돈을 벌면, 다이아몬드가 되면, 수당이 얼마가 되면……"이라는 가정법으로 봉사와 나눔을 이야기합니다.

나눔과 봉사도 습관입니다. 생전 나눌 줄 모르는 사람이 큰돈을 만졌다고 해서 나누고 베풀 수 있게 되리라는 것은 착각입니다. 수많은 사업자를 만났고, 수많은 약속과 다짐을 들었지만 실제로 나누고 베풀면서 살아가는 사람은 극소수에 불과합니다.

이제 막 고등학교를 졸업한 스무 살 청년이 첫 아르바이트 월급으로 아프리카의 가난한 아이를 후원하겠다고 약정한 소식도 있습니다. 다이아몬드가 되지 않아도 얼마든지 나누고 베풀 수 있습니다. 매일같이 사업 진행 과정을 점검하듯이 나누고 베풀었는지도 점검할 수 있다면 누구든 고귀한 삶을 살 수가 있을 것입니다.

정도를 걷는다면 네트워크 마케팅은 실패할 확률이 지극히 낮은 사업입니다. 누구나 한 번쯤은 실패할 수도 있다는 불안감 때문에 정도를 버리고 샛길을 택할 생각을 했을 것입니다. 굳이 얼굴 그을려 가며 샛길을 택하지 않아도 네트워크 마케팅은 정당한 대가를 내주는 사업이라는 것 잊지 말아야겠습니다.

25

삶에도 사업에도 자부심을 가져라

子曰, 士志於道, 而恥惡衣惡食者, 未足與議也 (자왈, 사지어도, 이치악의악식자 미족
여의야)
공자께서 말씀하셨다. 도에 뜻을 둔 선비가 나쁜 옷과 나쁜 음식을 부끄러워한다면,
더불어 이야기를 나누기에 부족하다.

큰 뜻을 품고 정진하는 사람이 부수적이고 지엽적인 일에 마음
을 쓰면 그 품은 뜻을 이루지 못할 확률이 높습니다. 네트워크 마
케팅을 하다 보면 너무나 많은 허드렛일이 생깁니다. 아무리 무시
하고 집중하더라도 어느 날 문득 그 허드렛일들이 너무나 중차대
한 일로 여겨질 때가 있습니다. 자신을 무시하고 직접 상위 스폰
서의 후원을 받으려는 파트너도 생기고, 그런 파트너를 꼬드겨 탈
퇴한 후 차명으로 활동하라고 부추기는 스폰서도 생기며, 돈 잘
번다면서 자동차가 왜 그 모양이냐고 타박하는 형제 라인도 나타
납니다. 이뿐만이 아니라 경영진과 최고 리더 사업자의 치부를 들

추어 일러주는 타사의 사업자가 등장하기도 하지요.

심지어는 이런 일들이 동시다발적으로 발생하면서 의지를 꺾고 의욕을 잃게 만듭니다. 웬만큼 강한 의지의 소유자가 아니라면 이내 마음이 흔들리고 사업을 접을 준비를 하게 됩니다. 이럴 때는 더 냉정하게 생각해야 합니다. 네트워크 마케팅을 완전히 떠날 생각이 아니라면 다른 회사로 옮겨 봤자 상황은 크게 다르지 않다는 사실을 명심해야 합니다. 어느 회사 어느 그룹이든 문제가 없는 집단이 없고, 그만두려고 마음먹는 순간 그만둬야 할 이유는 수만 가지도 넘게 생겨나 머릿속을 맴돌 것입니다. 냉정하고 객관적으로 다시 한번 검토한 후에 행동으로 옮겨도 늦지 않습니다.

나쁜 옷과 나쁜 음식을 부끄러워한다는 말은 결국 나쁜 조건과 나쁜 상황을 핑계 삼게 된다는 말입니다. 지금은 다들 리더 자리에 올랐겠지만 암웨이가 처음 한국에 들어왔을 때는 센터마다 검은 성경책 같은 다이어리를 옆에 끼고 포장마차의 어묵 국물로 주린 배를 채우던 사람들이 적지 않았습니다. 가난을 부끄러워하지 않는 당당함, 가난에서 벗어나고자 하는 강철 같은 의지가 성공을 불렀을 것입니다.

의도가 선량하다면 이 세상에는 부끄러워해야 할 직업이라고는 하나도 없습니다. 검찰청 포토라인에 서는 정치인이나 기업가도 부끄러워하지 않는데, 불타오르는 열정으로 새 삶을 개척해 나가는 우리가 부끄러워해야 할 이유는 없습니다. 부끄러움은 바라보는 자의 몫으로 던져 줘 버리고 저마다의 꿈과 목표를 향해 다시금 큰 걸음을 내디뎌야겠습니다.

26
닥치고 전진하라

子曰, 君子之於天下也, 無適也, 無莫也, 義之與比 (자왈, 군자지어천하야, 무적야, 무막야, 의지여비)
공자께서 말씀하셨다. 군자는 세상사에 대해 옳다고 내세우지도 않고, 그르다고 반대하지도 않으며 의로움과 함께할 뿐이다.

앞의 이야기와 연장 선상에서 이해하면 쉽겠습니다. 네트워크 마케팅을 선택하고 큰 꿈을 품은 사람이라면 그룹 내에서 벌어지는 일들에 대해 미주알고주알 사사건건 따지고 들어서는 곤란합니다. 그룹과 팀을 위해 봉사하는 사업자들은 잘하거나 못하거나 욕을 먹게 돼 있습니다. 그들의 결정에 대해 사소한 이유를 들어 찬성과 반대의 뜻을 나타낼 것이 아니라 그들의 의견을 존중하고, 그들의 수고만을 생각하는 게 중요합니다. 그리고 도울 일이 있고, 도울 수 있는 여건이 허락한다면 도와야 합니다.

무슨 일이든 당장은 중차대한 일인 것 같아도 시간이 지나고 나면 지극히 지엽적이며 사족에 지나지 않는 일이었다는 것을 알게 됩니다. 사사롭고 사소한 일에 마음을 뺏기고 의지를 뺏긴다면 성공으로 가는 길만 더뎌질 뿐입니다. 자신의 목표가 그룹과 팀에서의 영향력을 나타내는 것이라면 얼마든지 다투더라도 좋겠습니다만, 부유함과 고귀함을 얻으려는 것이라면 닥치고 전진해야합니다.

27

작은 이익을 따르지 말고
시스템을 따라가라

子曰, 放於利而行, 多怨 (자왈, 방어리이행, 다원)
공자께서 말씀하셨다. 이익만을 좇아 행동하다 보면 원망을 많이 사게 된다.

네트워크 마케팅의 당면과제는 부를 획득하는 것입니다. 부를 획득하고 나면 시간으로부터도 공간으로부터도 자유로워질 수 있습니다. 그러자면 오로지 자신이 설정한 꿈과 목표를 바라보며 최선을 다해 달려가야 합니다.

그러나 사소한 욕심을 부리다 보면 큰일을 그르치기 쉽습니다. 당장 눈앞의 사소한 이익을 얻기 위해 무리하는 일은 사업 자체를 어렵게 만들 수 있습니다. 일회성 추천 수당에 목숨을 걸거나, 파트너의 사정을 고려하지 않은 레그 배치, 수입에 직접적인 영향이 없다는 이유로 파트너를 방치하는 일 등등. 이러한 사소한 문제들이 자라나 거대한 산처럼 진로를 가로막는 날이 옵니다. 호미로 막을 일을 가래로도 못 막는 날이 도래하는 것이죠.

욕심을 내되 크고 웅대한 욕심을 내야 합니다. 꿈이 커지면 커질수록 돈 몇 푼에 마음이 흔들리는 일은 점점 줄어들 것입니다.

파트너로부터 원망을 사게 되면 내 사업에 차질이 생길 수밖에 없습니다. 함께 고생한다면 전우애를 바탕으로 하는 결속력이 생길 테지만, 잔머리를 굴려 얻는 사소한 이익은 그룹과 팀에 균열을 내고 아무리 거대한 그룹이라고 해도 무너뜨리고 맙니다.

1조 원 이상의 매출을 올렸던 기업들도 속절없이 무너져 내렸는데 회원 몇천 명쯤은 내일이라도 당장 흔들릴 수도 있습니다. 처음 시작할 때의 마음을 잊지 말아야 합니다. 이익을 따르기보다는 시스템을 따라가야 합니다.

28

직급으로 실력을 증명하라

子曰, 不患無位, 患所以立, 不患莫己知 求爲可知也 (자왈, 불환무위, 환소이립, 불환막기지, 구위가지야)
공자께서 말씀하셨다. 벼슬이 없음을 걱정하지 말고 그 자리에 오를 만한 능력이 없음을 걱정하고, 자기를 알아주지 않는 것을 근심하지 말고 남이 알아주도록 실력을 쌓아라.

'벼슬'을 '직급'으로 바꾸어 읽으면 이해가 아주 쉽겠습니다. 직급이 없거나 낮음을 걱정하지 말고 그 자리에 오를 능력이 없다는 것을 걱정하고, 파트너나 형제 라인 사업자들이 자신을 알아주지 않는 것을 걱정하지 말고 그들이 알아줄 수 있도록 실력을 쌓으라는 말입니다.

흔히 하는 말로 '직급이 깡패'입니다. 직급이 높다는 것은 실력이 좋다는 말이고, 실력이 좋다는 것은 돈을 많이 번다는 말입니다. 아무리 좋은 말을 늘어놓는 기술이 있다고 하더라도 직급 가는 실력이 없으면 그것은 빈말이 되어 버립니다.

살아가는 이치도 그렇지만 네트워크 마케팅에서도 말은 나중에, 직급을 달성한 다음에 해도 충분합니다. 공자께서도 일할 때는 민첩해야 한다고 누차 강조하십니다. 정확한 콘텍트와 초대 그리고 끊임없는 팔로우업을 통해 실력을 키워야 합니다.

실력이라는 것은 책을 읽고 강의만 듣는다고 얻을 수 있는 것이 아닙니다. 실력은 오로지 끊임없이 실전을 경험하는 가운데 나이테처럼 쌓이는 것입니다. 직급에 오르고 나면 평판은 저절로 따라오게 돼 있습니다.

29

약한 사람에게 관대하라

曾子曰, 夫子之道, 忠恕而已矣 (증자왈, 부자지도, 충서이이의)
증자가 말했다. 선생님의 도는 정성과 관대함이 전부다.

증자는 증삼을 말합니다. 부자夫子는 공자를 지칭하지요. 공자
가 공자가 될 수 있었던 것은 모든 사람에게 정성을 다하고 누구
에게나 관대했기 때문입니다.

네트워크 마케팅 업계를 들여다보면 정말로 직급을 깡패처럼
활용하는 사람이 적지 않습니다. 자신은 카리스마라고 생각할는
지도 모르겠습니다만 '진상'이 따로 없습니다. 거듭 강조하지만
네트워크 마케팅은 수평적인 사업입니다. 회사에도 구애받지 않
고 일을 하는데, 단지 스폰서라는 이유로, 직급이 높다는 이유로
인신공격마저 서슴지 않는 사람들을 보노라면 '참 힘들게 살았겠
구나'라는 생각이 듭니다. 리더십에 대해 한 번이라도 생각해 본

사람이라면 카리스마와 진상 또는 난동을 혼동하지는 않을 테니까요.

정성과 관대함으로 공자는 2500년이 지난 지금까지도 성인으로서 우뚝하게 솟아 있습니다. 우리 역시 모든 사람에게 정성을 들이고 관대하게 대한다면, 역사 속에 우뚝 서지는 못하더라도 한 회사 안에서는 우뚝 설 수 있을 것입니다. 특히 약한 사람을 정성스럽게 대하고 그들에게 관대한 사람이라면 사업을 떠나서라도 존경할 수밖에 없는 법이지요. 약한 사람을 대하는 모습이 바로 그 사람의 인성입니다.

스폰서에게도 파트너에게도 소비자에게도 그리고 인연을 맺지 못한 모든 사람에게도 정성을 다해 보세요. 지금으로써는 상상도 할 수 없는 기적 같은 일이 찾아올지도 모릅니다.

30
훌륭하다고 생각되는
스폰서를 복제하라

子曰, 見賢思齊焉, 見不賢而內自省也 (자왈, 견현사제언, 견불현이내자성야)
공자께서 말씀하셨다, 어진 사람을 보면 그 사람과 같이 되기를 생각하고, 어질지 못
한 사람을 보면 마음속으로 반성하라.

네트워크 마케팅에 종사하는 사람 중에는 정말로 따라 배우고
싶은 사람들이 꽤 있습니다. 그들의 말과 행동, 태도 그리고 여러
가지 습관과 이웃을 돌보는 마음 등을 보고 있으면 종교인보다
훨씬 더 세상에 헌신하면서 살고 있다는 것을 느끼지요.

반대로 어쩌다 저런 인간에게 돈복이 붙었을까 싶은 사람도 몇
사람 있습니다. 파트너들에게 사재기를 종용하거나, 그의 노선에
동조하는 파트너들의 이해하기 어려운 희생을 통해 최고 직급에
오르기도 합니다. 당연히 비난의 대상이지요.

하지만 그의 진정한 역할은 그를 바라보는 사람들에게 나 또한

저와 같은 인간이 되어 가는 것은 아닌지 비춰 보는 거울입니다. 반면교사反面教師라고도 합니다. 혹시라도 그런 사람이 곁에 있다면 그의 눈을 바라보며 속으로 한번 물어보세요.

"거울아, 거울아 나도 너처럼 되어 가는 것은 아니겠지?"

31

실천할 수 없다면 말하지 말고
말했다면 실천하라

子曰, 古者言之不出 恥躬之不逮也 (자왈, 고자언지불출, 치궁지불체야)
공자께서 말씀하셨다. 옛날 사람들이 말을 함부로 하지 않은 것은 실천하지 못할까 두
려워했기 때문이다.

다시 반복되는 신의와 신뢰에 대한 교훈입니다. 신의와 신뢰의
바탕은 바로 말입니다. 말에 책임을 지는 것이 신의이며 신뢰입니
다. 옛날 사람들은 말이 앞서는 것을 소인배나 할 짓으로 여겼습
니다. 지금은 우리의 의식 자체가 서양화됨에 따라 스피치 학원도
생겼습니다만 옛사람들은 말이 많은 것을 피해야 할 덕목으로 인
식했습니다.

신의와 신뢰를 유지하는 가장 좋은 방법은 말을 적게 하거나 아
예 하지 않는 것입니다. 그러나 그보다 더 중요한 것은 자신이 약
속하고 싶거나 덤벼 볼 일들이 있다면 그것을 먼저 실행하여 달

성한 뒤에 말하는 것입니다. 말을 적게 하고 나중에 한다는 말은 말 수를 줄이라는 뜻이기도 하지만, 그보다는 먼저 행동하라는 메시지입니다.

32

반응하기 전에 물러나서 생각하라

子曰, 以約失之者, 鮮矣 (자왈, 이약실지자, 선의)
공자께서 말씀하셨다. 자제함으로써 손해 보는 일은 드물다.

말과 행동의 과잉을 경계하는 말씀입니다. 때때로 우리는 상대
방의 실수를 바로잡아 주고 싶어서 입이 근질근질할 때가 있습니
다. 그러나 한창 열변을 통하는 동안에 그의 실수를 바로잡는 것
은 원한을 쌓기에 십상입니다. 내가 아니더라도 이미 다른 사람들
도 그의 오류와 과잉을 알고 있을 것입니다.

행동 역시 마찬가지입니다. 살다 보면 불끈 주먹이 쥐어지는 상
황이 발생하거나 버럭 쏘아붙이고 싶을 때가 더러 생깁니다. 더구
나 잘못 배운 스폰서의 강의를 듣거나 함께 대화를 나누다 보면
목울대를 치밀고 나오는 부정적인 말을 자제하는 것도 보통 일이
아니지요.

그러나 자제해야 합니다. 자제한다는 것은 불미스러운 일을 미연에 방지한다는 뜻이기도 합니다. 현명한 사람들은 어떤 상황에서도 먼저 반응하지 않습니다. 생각하고 지켜본 다음에 반응해도 늦지 않기 때문입니다. 그리고 정말로 필요한 상황이 아니라면 굳이 반응할 필요조차 없을 때가 많습니다.

33

네트워크 마케팅에서의 시간은
훨씬 더 빨리 흐른다

子曰, 君子欲訥於焉, 而敏於行 (자왈, 군자욕눌어언, 이민어행)
공자께서 말씀하셨다. 군자는 말은 신중하게 하려 하고, 행동은 기민하게 하려고 한다.

역시 관건은 말입니다. 말은 느리되 행동을 빨라야 한다는 것이
공자님의 지론입니다. 말부터 해놓고 행동이 따르지 않으면 처음
에는 싱거운 사람으로 비칠 뿐이지만, 거듭되고 반복되다 보면 믿
을 수 없는 사람으로 낙인찍히게 됩니다.

네트워크 마케팅이야말로 말과 말이 전달되고 이어지면서 이루
어지는 사업입니다. 말을 먼저 하고 행동을 하든, 행동을 먼저 하
고 말을 하든, 어쨌든 말로써 약속하고 행동으로 실천하는 일을
끊임없이 반복하면서 성공에 이르는 사업입니다.

말만 잘한다고 성공할 수도 없고, 묵묵히 행동만 한다고 해서
성공할 수도 없습니다. 과하지 않은 선에서 비전을 제시하고 실천

을 독려해야 합니다. 다만 말을 하되 신중하게 가려서, 반드시 해야 할 말만 집약해서 짧게 말하는 것이 중요합니다. 말의 성찬만 이어지다 보면 네트워크 마케팅 자체가 허황하게 들릴 수밖에 없습니다.

네트워크 마케팅에서의 시간은 엄청나게 빨리 흐릅니다. 엊그제 시작한 것 같은데 나도 모르는 사이에 2년이 흐르고 3년이 흐르는 게 바로 이곳입니다. 그러므로 행동이 민첩하지 않으면 허송세월이 될 수밖에 없습니다.

장기적인 계획을 세우고 끝까지 해내려는 의지를 불태우는 것은 좋습니다만, 천천히 느릿느릿하겠다는 계획은 시간만 낭비하는 결과를 초래할 수도 있습니다. 좀 더 집약적으로, 집중해서, 민첩하게 움직여야 합니다.

네트워크 마케팅에서의 시간이라는 괴물은 다른 곳의 시간보다 성격이 훨씬 급해서 10년이 1년처럼 흘러가는 것으로 느껴질 때가 많습니다. 말은 신중하게 행동은 민첩하게. 잊지 말아야 하겠습니다.

34

시스템 속에 머물러라
힘은 들어도 외롭지는 않다

子曰, 德不孤必有隣 (자왈, 덕불고필유린)
공자께서 말씀하셨다. 덕이 있는 사람은 외롭지 않으며 반드시 이웃이 있다.

악당 곁에 악당이 있듯이 선한 사람 곁에는 항상 선한 이웃이
있습니다. 선한 의지만 있다면 아무리 인맥이 부족한 사람이라도
그의 뜻에 동의하고 사업에 동참하겠다는 사람을 만날 수 있습니다.

내가 올바르게 사업을 받아들이고, 올바르게 전달하면 고군분
투하는 시간이 아주 길어지지는 않을 것입니다. 어둡고 험하고 먼
길을 가는 것이 네트워크 마케팅입니다. 사람에 지치고 실적에 지
칠 때 그래도 손 내밀어 주는 스폰서가 있고 파트너가 있는 한 그
사람은 분명히 성공할 수 있습니다.

어둡고 험하고 먼 길을 혼자서 헤쳐 나가도록 내버려 둔다면 그
것은 시스템이 아닙니다. 시스템 속에는 같은 뜻을 가진 수많은

사람이 들어 있습니다. 죽을 것 같은 교육을 기꺼이 견뎌내고 이등병 계급장을 달 수 있는 것도 동기들과 함께하기 때문에 가능한 것입니다. 네트워크 마케팅은 결코 외로운 사업이 아닙니다.

35
충고는 잘해야 본전

子遊曰, 事君數, 斯辱矣, 朋友數, 斯疏矣 (자유왈, 사군수, 사욕의, 붕우수, 사소의)
자유가 말했다. 군주를 섬기는 데 너무 자주 간언하면 욕을 보게 되고, 친구에게 자주
충고하면 사이가 멀어지게 된다.

드라마나 영화에서조차 면전에 대고 직설적으로 충고하는 장면
은 그 누가 보더라도 위태롭습니다. 조마조마하지요. 하물며 그
대상이 군주라면 이야기는 엄청나게 살벌해질 수 있습니다. 아무
리 어진 군주라도 걸핏하면 튀어나와 반대를 일삼거나 이래라저
래라 간섭하는 신하를 곱게 보지는 않을 것입니다.

친구와의 사이에서도 마찬가지입니다. 듣기 좋은 소리도 하루
이틀이라는데 허구한 날 잔소리나 해대는 친구가 달갑지는 않을
것입니다. 마찬가지로 경영자나 임직원, 스폰서, 파트너, 형제 라
인을 가리지 않고 두루 충고하고 잔소리하는 사람이라면 주위 사

람들로부터 눈총을 받을 것이 틀림없습니다.

간언과 충고는 중요한 일이지만 너무 자주하면 잔소리가 되어 버립니다. 어떤 말이든 신중하고 짧게 해야 합니다. 모든 화禍는 세 치 혀에서 비롯된다는 옛말이 있습니다. 남이야 어떻게 하든 자신의 일에만 충실히 하는 게 더 현명한 판단입니다.

반대로 임직원에게, 리더에게, 파트너에게 입만 떼면 가르치려고 들고 잔소리를 해대는 경영자, 스폰서도 아름답지는 않지요. 과유불급이라는 말을 언제나 새기고 있어야 합니다. 무슨 일이든 적당한 선에서 멈추고 자제할 줄 알아야 합니다. 머릿속에, 마음속에 든 말들을 다 쏟아 내고 나면 당장 마음은 시원하겠지만, 두고두고 원망으로 남을 수 있습니다. 충고는 마음에 점을 찍듯 가볍게 한 숟가락만 해야 하는 것이 가장 이롭습니다.

36

말 잘하는 사람보다
실천 잘하는 사람이 진짜 리더

或曰, 雍也仁而不佞, 孔子曰, 焉用佞 禦人以口給, 屢憎於人, 不知其仁, 言用佞 (혹왈,
옹야인이불녕, 공자왈, 언용녕, 어인이구급, 누증어인, 부지기인, 언용녕)
어떤 사람이 말했다. 옹은 어질지만 말재주가 없군요. 공자께서 말씀하셨다. 말을 잘
할 필요가 어디 있겠소? 말재주를 부림으로써 사람들에게 거부당하고 미움만 받게 되
는 것이요. 그가 어진지는 모르지만 말을 잘할 필요가 어디 있겠소?

다시 말에 관한 이야기입니다. 공자가 살던 춘추 시대의 중국이
나, 비슷한 시기에 소크라테스가 살았던 그리스나, 당시의 교육은
모두 대화로 이루어졌습니다. 그래서 말을 잘하는 것만으로 부귀
영화를 얻는 사람들이 적지 않았습니다. 전국 시대 합종과 연횡이
라는 용어로 유명한 소진과 장의 역시 세 치 혀를 이용해 전국 시
대의 재상에 오를 수 있었습니다.

그러나 공자께서는 말 잘하는 것에는 큰 의미를 두지 않았습니
다. 말을 잘한다는 것은 그만큼 말을 많이 한다는 것이고, 말이 많

아지면 반드시 해서는 안 될 말까지 발설하게 됩니다. 결국 말을 잘함으로써 오히려 화를 불러들이게 되지요.

인성은 향기와 같아서 말을 하지 않더라도 저절로 풍겨 상대방에게 전달되는 것입니다. 자신이 몸담고 있는 회사와 제품과 보상 플랜 등에 대해 짧고 간결하게 설명할 수 있으면 됩니다. 나머지는 느낌으로 알 수 있는 것이니까요.

그동안 발생했던 모든 사기 사건은 화려한 말솜씨에서 비롯됐습니다. 달콤하고 황홀하고 비현실적인 이야기는 미래의 재앙이 될 확률이 높습니다. 옹 역시 공자의 제자입니다. 비록 말을 잘하지는 못했지만, 인덕은 높았던 모양입니다.

스피치가 중요하기는 해도 마음을 닦고 영혼을 단련하는 일에는 미치지 못합니다. 먼저 말하는 사람보다는 먼저 실행하는 사람이 앞서게 마련입니다. 말은 귀를 움직이게 하지만, 인성은 영혼을 움직이게 합니다.

37

게으른 사람과는 사업하지 말라

宰予晝寢, 子曰, 朽木不可雕也, 糞土之牆, 不可杇也, 於予與 何誅, 子曰, 始吾於人也, 聽其言而, 信其行, 今吾於人也, 聽其言而, 觀其行, 於予與改是 (재여주침, 자왈, 후목불가조야, 분토지장, 불가오야, 어여여, 하주 자왈 시오어인야, 청기언이 신기행, 금오어인야, 청기언이 관기행, 어여여개시)
재여가 낮잠을 자자 공자께서 말씀하셨다. 썩은 나무에는 조각할 수가 없고, 썩은 흙으로 쌓은 담장은 매끈하게 흙손질할 수 없다. 재여 같은 녀석을 나무라서 무엇 하겠는가? 공자께서 말씀하셨다. 처음에 내가 사람을 대할 때는 그 말만 듣고도 그 행실을 믿었는데, 지금 사람을 대할 때는 그 말을 듣고도 행실을 살피게 되었다. 재여로 인해 이렇게 바꾸었다.

재여 또한 공자의 제자입니다. 본문에서 보는 것처럼 아주 게을렀던 모양입니다. 요즘이야 잔업도 많고 야근도 많으니 낮잠을 잘 수밖에 없는 사람들도 많습니다만, 기원전 500년경 해가 지면 할 수 있는 게 많지 않았던 당시에 낮잠을 잔다는 것은 이해하기 힘든 일이었을 겁니다.

그전에는 말만 듣고도 행실을 믿었으나 지금은 말을 듣고도 행실을 살피게 되었다는 말로 미루어 봤을 때 재여의 말솜씨가 제법이었던 것 같습니다. 짐작하건대 "이렇게 저렇게 공부하고 수양하고, 군자는 어떻고 선비는 어떻고⋯⋯" 말을 늘어놓았겠지요. 그래 놓고는 낮잠을 잔 것입니다. 공자로서는 기가 막혔을 수도 있겠네요.

주위에 이런 파트너들 꽤 있지요? 누구를 만나서 어떻게 하고, 이달 중에는 어떤 직급에 가고, 자동차는 뭐로 바꾸겠으며, 부모님 용돈도 넉넉히 드리고, 아이들을 위해서도 이렇게 저렇게 하겠다고 약속하고서는 집에 틀어박혀 있거나 아예 나타나지 않기도 하지요.

스폰서는 파트너의 말과 약속을 바탕으로 자신과 그룹의 미래를 설계합니다. 그렇게 의기투합해서 계획을 세워 놓고 일을 하지 않을 때의 당황스러움은 겪어 보지 않은 사람은 잘 모르는 일일 테죠. 이것은 근사한 건물을 세우기로 약속하고서는 한쪽 기둥을 만들어야 할 사람이 무단결근해 버리는 것과 다르지 않습니다.

썩은 나무에는 조각할 수 없고 썩은 흙으로는 담장을 바를 수 없다는 말을 잘 기억해야 합니다. 네트워크 마케팅을 해 나가다 보면 조급한 마음이 들 때가 있습니다. 누구라도 영입해서 조직을 키우고 싶어지는 것이죠. 이럴 때 아무에게나 손을 내밀게 됩니다. 더구나 밥 사 먹이고, 술 사 먹이고, 커피까지 사서 먹인 후에 약속과 다짐을 받고 데려왔는데 당최 움직이려 들지 않는다면 억장이 무너질 것입니다. 바로 그런 사람들이 썩은 나무이며, 썩은 흙이지요. 아깝더라도 쓸 수 없으므로 버려야 합니다. 아깝다고 상한 음식을 먹으면 배탈이 납니다. 그 후유증은 꽤 오래가지요.

서두에 공자께서는 나보다 못한 사람과는 사귀지 말라고 하셨지요. 그리고 스폰서도 나보다 나은 사람을 초대하라고 했을 것이고요. 안된 이야기지만 사람은 웬만해서는 바뀌지 않습니다. 도사가 되기 위해서는 계룡산에 들어가 적어도 10년 이상 도를 닦아야 합니다. 마찬가지로 한 사람을 바꾸는 데는 전심전력을 기울이더라도 10년 이상이 걸릴지도 모릅니다.

나보다 못한 사람에는 여러 부류가 있겠지요. 경제적인 상황도 고려할 대상이지만 가난한 사람 중에도 가난을 벗어나겠다는 의지가 강한 사람이라면 함께해도 좋습니다. 그렇지만 하루 벌어서 하루 먹는 사람, 더구나 하루 번 돈으로 술을 마셔 버리거나 노름판을 전전하는 사람은 절대로 함께해서는 안 되는 사람입니다. 말만 듣고 결정하지 말고 공자께서 그러하셨듯이 말을 듣고 행실을 살핀 후에 결정해도 늦지 않습니다.

38

파트너를 은혜롭게 보살펴라

子謂子産, 有君子之道四焉, 其行己也恭, 其事上也敬, 其養民也惠 其使民也義 (자위자산, 유군자지도사언, 기행기야공, 기사상야경, 기양민야혜, 기사민야의)
공자께서 자산에 대해 말씀하셨다. 그는 군자의 도를 네 가지 갖추고 있다. 몸가짐을 공손히 하고, 윗사람을 섬길 때는 정성을 다했으며, 백성을 보살피는 데는 은혜로웠고, 백성을 부릴 때는 의로웠다.

이런 스폰서, 이런 파트너만 있다면 사업은 절로 이루어질 것 같습니다. 그렇지만 이런 파트너를 두기 위해서는 내가 먼저 이런 사람이 되어야 하겠지요. 곧고 무거운 사람을 위에 두면 그룹 전체가 곧고 무거워질 수 있습니다만, 곧고 무거운 사람 위에 가볍고 휘어진 사람이 있다면 그 그룹은 오래 갈 수 없습니다. 가볍고 휘어진 사람을 따를 사람은 좀처럼 없을 것이기 때문입니다.

자산 역시 공자의 제자입니다. 행실이 공손하고 겸손하며, 윗사람을 섬길 때는 정성을 하고, 아랫사람에게는 은혜롭고 의롭습니다. 거의 완벽한 인간상을 구현했다고 할 수 있겠습니다. 드물지만 이런 사람을 발견할 때가 있습니다. 대화를 하더라도 편안하고 온화하며 겸손하되 이상이 뚜렷해서 처음 만났으나 오래도록 사귄 것 같고, 대화가 어떠한 방향으로 흐르더라도 막힘이 없습니다. 그리고 자신이 모르는 부분은 모른다고 인정하고 되물어 오기도 합니다. 아마도 공자가 말하는 군자의 모습에 가장 합당한지도 모르겠습니다.

대한민국의 네트워크 마케팅 업계에도 몇 사람의 신사가 있습니다. 여기에서 신사란 여성을 포함하는 '된 사람'이라는 뜻입니다. '큰사람'이라고 해도 좋겠네요. 물론 자산과 완전히 일치하지는 않습니다. 자산이 가진 군자의 네 가지 덕목 중의 한 가지라도 충족하는 사람이라면 나머지 세 가지도 갖추었을 가능성이 높지요. 몸가짐이 공손한 사람이 상사에게 대들어 곤란하게 하지는 않을 것이며, 아랫사람에게 은혜롭고 의로운 사람의 몸가짐이 바람에 나부끼는 가랑잎처럼 부단히 흔들리지도 않을 테니까요.

자기계발서나 처세술 책을 많이 읽는 사람들이 빠지는 함정이 있습니다. 책을 읽은 것만으로 자신이 그렇게 됐다고 착각하는 것이지요. 입으로는 책 속의 모든 내용을 되뇌지만 몸은 전혀 따르지 않는 함정에 빠지는 것입니다. 실천해야 합니다.

굳이 네 가지 덕목을 모두 얻기 위해 애쓸 필요는 없을 것 같군요. 우선 몸가짐을 공손히 하는 것만 제대로 체득한다면 나머지 절로 따라올 것이기 때문입니다.

39

지나치게 오래 생각하면
때를 놓치기 쉽다

季文子 三思而後行, 子聞之曰, 再斯可矣 (계문자 삼사이후행, 자문지왈, 재사가의)
계문자는 세 번 생각한 후에 실행했다. 공자께서 듣고 말씀하셨다. 두 번이면 된다.

우리에게는 3이라는 숫자가 아주 중요하죠. 뭐든지 삼세판입니
다. 그리고 누구한테서 들은 말인지 모르지만 세 번 생각한 후에
행동하라는 말을 많이 들으며 자랐습니다. 군자라면 당연히 세 번
은 생각하고 실천에 옮겨야 할 것 같은데 공자께서는 두 번이면
된다고 합니다.

이런 면모가 실천가로서의 공자를 더욱 부각합니다. 일할 때는
민첩해야 한다고 몇 번씩 강조하셨으니 당연히 사소한 일을 세
번 생각하는 것은 시간 낭비라고 생각했을지도 모릅니다.

'장고長考 끝에 악수惡手 둔다'라는 말이 있습니다. 생각을 오래
하면 더 좋은 방법을 찾을 수 있을 것 같은데 실상은 그렇지 않습

니다. 생각은 스스로 날개가 돋아 떠다니기 때문에 길게 생각하다
보면 생각의 실마리를 놓치는 일이 많습니다. 그래서 공자께서는
두 번 생각하는 것으로 충분하다고 하셨던 것입니다.

네트워크 마케팅에서는 경영자의 신속한 판단과 그에 따른 민
첩한 실행이 필요할 때가 있습니다. 특히 작은 기업일수록 좀 더
기민하게 움직여야 세간의 트렌드를 따라잡아 성과를 내기가 쉽
습니다. 심사숙고하는 것은 좋지만 지나치게 오래 생각하는 것은
바람직하지 않습니다. 공자님의 말씀입니다.

40

잘못이 잘못인 줄 모르면
반성조차 할 수 없다

子曰, 已矣乎. 吾未見, 能見其過而, 內自訟者也 (자왈, 이의호, 오미견, 능견기과이, 내
자송자야)
공자께서 말씀하셨다. 다 끝났구나. 나는 아직 능히 자신의 과실을 보고서도 스스로
꾸짖는 사람을 보지 못했다.

요즘의 어른들도 아이들이 하는 짓을 보면 말세라며 혀를 차지
요. 지금으로부터 2500년 전에도 그랬습니다. 공자께서는 잘못을
진심으로 반성하지 않는 당시의 사람들을 나무랐습니다. 짐작하
건대 젊은 사람들이 그 대상이었을 겁니다.

자신이 스스로 반성하는 일은 그때나 지금이나 어려운 모양입
니다. 세월이라는 것은 그저 해와 달의 흐름일 뿐 인간의 이기적
인 유전자에는 그다지 큰 영향을 끼치지 못하는 것 같습니다. 대
부분의 사과와 반성은 진심을 담기보다는 그 순간을 모면하기 위
해서 어쩔 수 없이 선택하는 일종의 옵션이지요.

진짜 문제는 자신이 저지른 만행이 만행인 줄 모른다는 겁니다. 이런 무지와 불감증으로 인해 잘못된 일을 거듭거듭 반복하게 됩니다.

대한민국에는 130개가 넘는 합법적인 회사가 있지만 유독 불법 업체로만 떠도는 사람들이 많습니다. 그들도 처음에는 순수한 마음으로 네트워크 마케팅을 접했던 사람입니다. 그랬던 그들이 불법 업체를 전전하게 된 것은 한 번 맛본 단맛을 잊지 못하기 때문입니다.

수주대토守株待兎라는 말이 있습니다. 우연히 나무 그루터기에 부딪쳐 죽은 토끼를 얻은 사람이 있었습니다. 그는 나무 그루터기 앞에만 앉아 있으면 평생 일하지 않고도 먹고살 수 있을 거로 생각했습니다. 과연 그는 어떻게 됐을까요? 불법 업체를 전전하는 일은 토끼를 기다리던 남자와 다르지 않습니다. 어쩌다 한두 번은 뜻밖의 행운을 얻을 수도 있지만, 행운은 결코 반복되지 않습니다.

행운이 반복되기는커녕 불운과 불행이 꼬리에 꼬리를 물고 찾아오기도 합니다. 선량한 사람들을 불법 업체로 유인했다는 혐의로 법적인 처벌을 받아야 하고, 피해자들로부터도 끊임없이 채무 변제를 요구받는 등 삶 자체가 지옥이 된 사람들을 수없이 목격할 수 있습니다.

잘못을 잘못인 줄 모르니 자신이 스스로 진심으로 반성한다는 것은 결코 쉽지 않은 일입니다. 반성하지 않도록 길들여진 유전자를 거꾸로 돌려놔야 하기 때문입니다. 아무리 지적을 하고 다짐을 받아도 개선되지 않는 것은 진심으로 반성하지 않았기 때문입니다.

오늘 만난 사람에게 공손하였는지, 그와 함께하는 시간 동안 정성을 다했는지 돌아보는 일이야말로 인격을 가장 빨리, 가장 넓고 높게 성장시키는 원동력이 됩니다. 그것은 곧 정상을 향해 한 걸음 더 나아가는 것입니다.

41

엉뚱한 사람에게 화풀이하지 말라

哀公問, 弟子孰爲好學, 孔子對曰 有顔回者好學, 不遷怒, 不貳過 (애공문, 제자숙위호
학, 공자대왈, 유안회자호학, 불천노, 불이과)
애공이 물었다. 제자 중에 누가 배우기를 좋아합니까? 공자께서 대답하셨다. 안회라
는 사람이 배우기를 좋아하고, 노여움을 옮기지 않으며, 잘못을 되풀이하지 않았습니다.

돈이 좀 들더라도 사람은 배워야 합니다. 어떤 사람들은 배움에
는 때가 있다고 합니다. 젊은 시절, 특히 어린 시절에 배우지 않으
면 배울 기회가 없다고도 합니다. 그러나 그것은 반은 맞고 반은
틀린 말입니다. 왜냐하면 젊은 시절이나 어린 시절을 한계로 두는
배움은 직업을 얻기 위한 수련이지 진정한 공부라고 할 수 없기
때문입니다.

안회는 공자가 가장 아끼던 제자입니다. 공자 스스로 자신보다
낫다고 할 정도로 뛰어났습니다. 누가 배움을 좋아하느냐는 물음
에 공자는 노여움을 옮기지 않고 잘못을 되풀이하지 않는다는 이

유로 안회를 꼽습니다.

자신의 화를 엉뚱한 대상에 푸는 사람이 있습니다. 당연히 그 자신보다 약한 사람이겠지요. 처자식, 부하 직원, 파트너 심지어는 물건을 때려 부수면서 화를 푸는 사람도 있습니다. 과연 그렇게 한다고 화가 풀어지고, 분노의 원인이 제거될 수 있을까요? 만약 그렇게 된다면 그렇게라도 화를 푸는 게 마땅하겠지요. 그렇지만 화를 옮겨 화풀이하는 것은 오히려 다른 사람까지 화에 휩싸이게 합니다. 화는 화를 부릅니다.

공자가 생각하는 진정한 공부란 바로 이런 것이었습니다. 진학과 취업을 목적으로 하는 공부가 아니라 인격을 수양하고 세상에 나아가 존경받고 존중받는 삶을 살 수 있도록 하는 것이 그 시절의 공부였습니다. 안회가 그런 사람이었습니다.

다행히 좋은 네트워크 마케팅 기업의 사업자들은 거의 매일같이 인격 향상을 위한 강의를 듣습니다. 처음에는 심드렁하던 사람들도 날이 갈수록, 해가 거듭되면서 그 강의들을 받아들이고 익혀서 인격을 완성해 갑니다.

한국에 본사를 두고 세계적인 네트워크 마케팅 기업으로 성장해 가고 있는 한 회사는 인문학 강좌에 큰 공을 들이고 있습니다. 어떤 사람들은 네트워크 마케팅과 인문학이 무슨 관계가 있느냐며 비웃기도 하지만 그 웃기는 인문학이 사업자들의 사고를 더욱더 진취적이고 견고하게 만드는 원동력이 됐을 것입니다.

네트워크 마케팅에서 성공해서 정말로 큰 리더가 되고 싶다면 배우고 익히는 일을 반복해야 합니다. 자신의 노여움은 자신의 선에서 삭일 줄 알아야 합니다. 그리고 스스로 반성하여 똑같은 실수를 반복하는 일이 없어야 합니다. 공부는 시도 때도 없습니다.

42

이웃을 보살피고 그들과 나누라

原思爲之宰, 與之粟九百, 辭, 子曰, 毋, 以與爾隣里鄕黨乎 (원사위지재, 여지속구백, 사, 자왈, 무, 이여이린리향당호)
원사가 공자의 가신이 되었을 때, 곡식 900을 주자 원사가 사양했다. 공자께서 말씀하셨다. 사양하지 마라. 네 이웃이나 마을 사람들에게 나눠 주면 되지 않느냐?

원사는 자사라고도 하지요. 공자의 제자입니다. 곡식 900이 정확히 얼마나 되는지는 알 수 없습니다만 적지 않은 양이었던 모양입니다. 스승의 가신이 되었으니 월급을 받기도 좀 어려웠을 것 같습니다. 그래서 사양했더니 스승께서는 그렇게 부담스러우면 이웃이나 마을 사람들과 나누라고 하는군요.

가끔 대기업의 오너나 대통령을 포함한 고위 공무원들이 연봉을 반납하겠다고 선언하는 일이 있습니다. 그게 아니라도 먹고살 만하다는 말이겠지요. 그렇다면 차라리 정부에 반납하지 말고 하다못해 사랑의 열매라는 단체에라도 기부하는 것이 좋지 않을까요?

네트워크 마케팅을 하다 보면 의외의 목돈이 들어올 때가 있습니다. 명품 시계를 사거나 고급 자동차, 또는 여러 가지 명품으로 치장하기를 좋아하는 사람도 있겠습니다만, 도움이 필요한 곳에 남몰래 기부하는 사람도 없지 않겠지요. 실제로도 남이 알아주든 말든 묵묵히 나누고 보살피는 사람들이 꽤 있습니다.

그런 선한 의지들이 모이고 모이다 보면 네트워크 마케팅 업계, 더 나아가 대한민국 전체로 기부 문화는 확산하게 될 것입니다. 돈 싫어하는 사람이 어디 있겠습니까마는, 혹시라도 뜻밖의 돈, 공돈이 생길 때라도 나보다 힘든 사람을 생각하고 챙길 수 있다면 더할 나위 없겠지요.

43

그 사람이 할 수 있었다면
나도 할 수 있다

冉求曰, 費不說子之道, 力不足也, 子曰, 力不足者 中道而廢, 今女畫(염구왈, 비불열자
지도, 역부족야, 자왈, 역부족자 중도이폐, 금여획)
염구가 말했다. 선생님의 도를 따르지 않는 것은 아니지만, 역부족입니다. 공자께서
말씀하셨다. 역부족인 사람은 중도에 포기하지만, 지금 너는 미리 할 수 없다고 한계
를 짓고 있구나.

참 마음에 와 닿는 구절입니다. 하다 하다 포기하는 것은 능력
이 거기까지라고 할 수 있지만, 미리 역부족이라고 스스로 단정하
는 것은 좀 비겁한 감이 없지 않습니다.

가장 편하게 사는 방법은 꿈도 목표도 없이 사는 것입니다. 꿈
을 꾸고 목표를 세우면 그때부터 피곤해지지요. 이것도 해야 하고
저것도 해야 하는데 전부 하기 싫은 일뿐입니다. 그래서 많은 사
람이 꿈도 없이 목표도 없이 흘러가는 대로 살아가면서 꿈 대신
횡재를 기대합니다. 공자의 가르침은 그 당시에도 따라 하기가 쉽

지 않았던 모양이네요. 말만 들어도 못 할 것 같다는 생각이 들 정도니까요.

네트워크 마케팅도 그렇게 느끼는 사람들이 있을 겁니다. 연봉 1억 원, 심지어는 월수입 1억 원을 받는 사람도 적지 않지요. 보통 사람으로서는 상상도 할 수 없는 소득을 자신이 받을 수 있을 거라고는 믿어지지 않는 게 당연합니다. 그러나 "한번 해보자"는 사람이 있는 반면 "그 사람이니까 가능했던 일"이라며 스스로 한계를 짓고 물러서는 사람이 있습니다.

수많은 성공자를 만나 봤지만, 남들이 가지지 않은 특별한 능력을 가진 사람은 없었습니다. 고소득자 중에는 실업 상태에서 네트워크 마케팅을 만난 사람도 있고, 노점상 출신도 있었으며, 세금을 체납해서 해외여행을 가지 못하는 사람도 있었습니다. 이혼해서 막다른 골목에 몰린 사람도 있었고요.

인생의 결말에 대해서는 그 누구도 알 수 없고 장담할 수도 없습니다. 물론 가난하게 사는 게 즐거운 사람도 있을 수 있겠지만, 아무리 즐거워도 불편한 건 부정할 수 없는 사실입니다. 그런 사람들이 네트워크 마케팅을 선택해서 분투하는 장면을 지켜보는 일은 웬만한 드라마나 영화보다 더 흥미진진합니다.

미리 한계를 정할 필요는 없습니다. 달려가다 보면 생각했던 것보다 더 멀리 갈 수도 있고, 반도 못 갈 수도 있습니다. 중요한 것은 시도했다는 것이지요. 아무리 적게 가더라도 지금의 자리보다는 훨씬 더 먼 곳까지, 훨씬 더 높은 곳까지 도달해 있을 겁니다. 자신을 믿어야 합니다. 그리고 혼자서 가는 길이 아니라 줄줄이 도와주는 스폰서가 있고, 손을 잡아 주는 파트너가 있습니다. 네트워크 마케팅은 팀 사업입니다. 의지만 있다면 기다려 주고 끌어 주는 사람들과 함께하는 사업입니다.

학창시절 싸움 잘하는 친구와 함께 길을 가면 싸울 일이 없더라도 어쩐지 든든하지 않았나요? 네트워크 마케팅 업계에는 그런 친구들이 즐비합니다. 지레 포기하지도 말고, 미리 두려워하지 마세요. 매일매일 만 보를 걷는 것과 다를 바 없습니다.

44

배우면 알 수 있고
알게 되면 즐길 수 있다

子曰, 知之者, 不如好之者, 好之者, 不如樂之者 (자왈, 지지자, 불여호지자, 호지자, 불여락지자)
공자께서 말씀하셨습니다. 알기만 하는 사람은 좋아하는 사람만 못하고, 좋아만 하는 사람은 즐기는 사람만 못하다.

많이 들어 본 말입니다. 아무리 잘 알고 있더라도 그 일을 좋아하지 않으면 실행에 옮기기가 어렵습니다. 또 좋아서 실행하더라도 즐겁지 않다면 오래 지속할 수가 없지요. 네트워크 마케팅에서 성공한 사람들은 이구동성으로 '너무 재미있다'고 말합니다.

성격일 수도 있고 그렇게 훈련된 덕이기도 하겠지요. 아무리 힘든 노동 속에서도 일말의 즐거움은 있게 마련입니다. 우리의 선조들은 노동요를 부르면서 힘에 부치는 세월을 넘어왔습니다.

네트워크 마케팅이 아주 쉬운 일은 아닐지라도 일반적인 사회생활에서는 미처 맛보지 못했던 즐거움들이 군데군데 숨어 있습니다. 단순히 사람을 만나는 일도 즐겁지만, 매일같이 배우고 익히고 시도하는 과정에서 얻는 성취감이야말로 그 무엇과도 바꿀 수 없는 경험입니다. 그 경험과 즐거움이 돈으로 바뀌어 나온다면 그야말로 금상첨화이지요.

45

신분 상승을 원한다면
좋은 책을 읽어라

子曰, 中人以上, 可以語上也, 中人以下, 不可以語上也 (자왈, 중인이상, 가이어상야,
중인이하, 불가이어상야)
공자께서 말씀하셨다. 중산층 이상에게는 심오한 이야기를 할 수 있으나, 중산층 이하
에게는 심오한 이야기를 할 수가 없다.

중산층이라 함은 경제적으로나 지적으로나 평균을 웃도는 사람
을 가리킵니다. 그런 사람에게는 수준 높은 이야기를 하더라도 대
화할 수 있지만, 그보다 아래쪽의 사람에게는 그런 이야기는 할
수 없다는 뜻입니다. 대화가 안 되고, 말이 통하지 않으며, 말귀를
못 알아먹는 상황이지요.

공자의 지적 오만이 드러나는 부분일 수도 있고, 오죽 답답했으
면 이런 말을 남겼을까 싶기도 합니다. 왜 그렇게 배우고 익히라
고 닦달한 것인지 알 만합니다.

네트워크 마케팅의 장점 중 하나는 독서를 해야 한다는 것입니

다. 일하기도 힘든데 독서까지 하라니 말도 안 되는 것 같습니다만, 지속적인 독서는 사람의 품격을 높여 줍니다. 좋은 책을 읽고, 익히고, 실천하는 과정에서 지적으로 세련되어집니다.

미국에 가서 살면 어쩔 수 없이 영어를 하게 되는 것처럼 독서가 생활화되면 원하지 않더라도 지적 수준은 올라가게 돼 있습니다. 학벌이나 경제력은 인간의 품격과는 별 상관이 없는 부수적인 것입니다. 공자께서도 어린 시절에는 소년 노동자로 온갖 허드렛일과 천한 일을 가리지 않고 했습니다. 그저 스스로 배우고 익혀 실천한 결과 공자가 되었고 성인으로 추앙받기에 이르렀습니다.

앞서 이야기한 것처럼 직업적인 공부는 어린 시절에 끝이 나지만 인간의 품격을 높이는 공부는 죽는 날까지 이어지는 것입니다. 읽고 읽다 보면 형이상학적인 이야기마저 귀에 들어오는 날이 올 것입니다.

46

솔선수범하라

仁者先難, 而後獲, 可謂仁矣 (인자선란, 이후획, 가위인의)
어려운 일을 남보다 먼저 하고 보답을 늦게 얻으면 어질다고 할 수 있다.

많은 사람이 어질다는 것에 관해 이야기하면서도 정확한 뜻을
알고 있는 사람은 얼마 없을 것입니다. 공자께서 어질다는 말의
뜻을 정확하게 일러 주고 있습니다. 어려운 일을 먼저 하고 나중
에 그 보답을 얻는 사람이 어진 사람이라고 합니다. 솔선수범과도
통하는 말이겠습니다.

어려운 일에 먼저 팔을 걷고 나서기란 결코 쉬운 일이 아닙니
다. 네트워크 마케팅에서 성공한 사람 중 대부분은 솔선수범이 몸
에 밴 사람들입니다. 사업장 청소와 같은 사소한 일에서부터 대외
봉사활동에 이르기까지 가장 먼저 나서고 가장 나중에 돌아왔던
사람들이 많습니다.

네트워크 마케팅은 단순히 자신의 부를 축적할 뿐만 아니라, 함께하는 모든 사람이 지금보다는 높은 소득을 얻을 수 있도록 이끌어 가는 사업입니다. 그러므로 스폰서는 길을 내는 사람이라고 할 수 있습니다. 스폰서가 닦아 놓은 길을 따라 파트너들은 한 발 한 발 나아가면 됩니다.

어질다는 말이 솔선수범을 전제로 한다면 네트워크 마케팅에 몸담은 많은 리더가 어진 사람, 곧 인자仁者입니다.

47

부적절한 이성 교제는 파멸을 부른다

子見南子, 子路不說, 夫子矢之曰, 予所否者, 天厭之 天厭之 (자견남자, 자로불열, 부자시지왈, 여소비자, 천염지 천염지)
공자가 남자를 만나는 것을 자로가 좋아하지 않자, 공자께서 맹세하며 말씀하시길, 내게 잘못이 있다면 하늘이 미워할 것이다, 하늘이 미워할 것이다.

네트워크 마케팅을 이어가는 데 있어서 가장 위험한 덫이 나타났습니다. 바로 이성異性입니다.

남자南子는 위衛나라 영공의 부인입니다. 음란한 것으로 소문이 자자한 여자였지요. 공자가 위나라에 갔을 때 이 여자를 만난 모양입니다. 공자의 제자인 자로는 다혈질이어서 스승이든 제자든 직설을 서슴지 않는 상남자입니다. 공자가 그런 자로에게 딱 걸린 것이지요. 공자로서는 난처하기 그지없는 상황입니다. 처소까지 찾아온 권력자의 부인을 어떻게 물리칠 수 있었겠습니까? 만나기는 했지만 잘못한 일은 없다고 해명하는 장면입니다.

네트워크 마케팅을 통해 성공했던 수많은 리더가 이성의 덫에 걸려서 스스로 자리에 내려온 사례는 부지기수입니다. 미혼 남녀의 사랑은 별문제가 아닐뿐더러 축복받아야 할 일이겠습니다만, 배우자가 있는 상황에서의 부적절한 관계는 다 된 밥에 코 빠뜨리는 일과 진배없습니다.

법정에 가 본 적이 있는 사람이라면 잘 알 것입니다. 크든 작든 범죄의 대부분은 술과 이성과 돈에서 비롯됩니다. 이성 간의 만남을 범죄라고는 할 수 없겠습니다만, 한국의 정서를 고려한다면 범죄에 준하는 도덕적 결함이라고는 할 수 있을 것입니다. 그 결함은 적어도 네트워크 마케팅에서는 치명적으로 작용합니다.

도덕적 결함은 리더십의 손상으로 이어지고, 손상된 리더십은 멤버십 확산에 걸림돌로 작용합니다. 그래서 남녀상열지사에 연루된 두 사람은 그동안 이루어 놓았던 모든 영광을 뒤로하고 떠날 수밖에 없지요. 800만 명 이상이 활동하는 네트워크 마케팅 업계지만 이런 소문은 꼬리표처럼 집요하게 두 사람을 괴롭히고, 당사자들은 결국은 이목을 피해 불법 업체로 숨어들게 됩니다.

돈은 사람을 교만하게 만들고, 술은 이성理性을 마비시키며, 이러한 돈과 술이 결합된 상황에서의 이성 교제는 모든 걸 무너뜨립니다. 유사 이래 최고의 성인이라는 공자마저 제자인 자로 앞에서 하늘에 대고 맹세할 수밖에 없도록 하는 것이 이성입니다. 이처럼 사소한 욕망을 넘어선 높고 먼 곳에 꿈을 두어야 흔들리지 않습니다.

48

파트너를 성공하게 해야
스폰서도 성공한다

夫仁者, 己欲立而立人, 己欲達而達人 (부인자, 기욕립이립인, 기욕달이달인)
대체로 어진 사람은 자기가 서고 싶으면 먼저 남을 세워 주고, 자기가 도달하고 싶으면 다른 사람을 먼저 도달하게 한다.

네트워크 마케팅의 핵심을 정확하게 설명하고 있습니다. 제자 자공이 묻자 공자께서 답한 내용입니다.

네트워크 마케팅은 나중에 참여한 사람이 성장해야 먼저 시작한 사람도 성장할 수 있습니다. 그래서 끊임없이 파트너를 돕고, 천 리 길도 마다치 않고 후원하기 위해 달려가는 것이지요. 네트워크 마케팅에는 직급이라는 게 있습니다. 브론즈, 실버, 골드, 다이아몬드 등등 대부분 보석을 직급명으로 사용합니다. 보석 같은 존재라는 뜻입니다.

그런데 한 단계 한 단계 올라갈 때마다 하부의 파트너를 성장시킬 것을 권장합니다. 어떤 사람들은 하부의 성장 없이, 당사자의 성장만으로도 직급을 달성할 수 있는 보상 플랜을 선호하기도 합니다. 하부를 성장시키는 것이 너무 힘들기 때문입니다. 그러나 이것은 네트워크 마케팅의 본질에 부합하지도 않고, 오랫동안 함께 갈 수 있는 팀워크를 형성할 수도 없습니다.

파트너의 성장을 위해 온 힘을 기울이는 스폰서가 바로 공자님께서 말하는 어진 사람에 속합니다. 솔선수범하면서 자신이 도달하고 싶은 곳에 파트너를 먼저 도달하게 하는 스폰서라면 모두의 존경을 받을 수 있을 것입니다.

어쩌다가 네트워크 마케팅이 대한민국에서는 부정적으로 인식되게 됐는지 안타깝습니다만, 네트워크 마케팅은 바로 어진 사람이 되어 가는 과정입니다.

49
실천하라 성공할 수 있다

子曰, 德之不修, 學之不講, 聞義不能徙, 不善不能改, 是吾憂也 (자왈, 덕지불수, 학지불강, 문의불능사, 불선불능개, 시오우야)
공자께서 말씀하셨다. 덕을 갖추고자 하면서도 수련하지 않고, 배우려고 하면서 강구하지 않고, 사리에 맞는 말을 듣고도 실행에 옮기지 않고, 옳지 않음을 고치려 하지 않는 것이 나의 근심이다.

이미 경지에 오른 공자께서도 끊임없이 자신을 돌아보고 더 나은 사람이 되기 위해 고민했습니다. 누구나 후덕한 사람, 배운 사람, 의로운 사람, 선한 사람이 되고 싶어 합니다. 그러나 그렇게 되기 위해 반성하고, 개선하고, 정진해 나가는 사람을 만나기란 쉽지 않습니다.

수련한다는 것은 자신과의 부단한 싸움입니다. 완벽하게 타고난 사람이 아니라면 수련을 한다고 해도 금방 원점으로 되돌아오게 됩니다. 그래서 매일같이 점검해야 합니다. 배우는 데 게으르지 않았는지, 스승의 가르침을 행동으로 옮기지 못한 것은 아닌지.

이러한 과정을 통해 오늘보다 더 나은 사람, 형이상학적인 내용이라도 금방 알아듣는 사람이 될 수 있습니다.

이 내용을 네트워크 마케팅으로 옮겨 놓아도 마찬가지입니다. 원하는 것이 있고, 바라는 바가 있다면 그곳에 도달하기 위해 수련하고, 궁리하고, 실행에 옮기면서, 잘못된 점을 고쳐야 합니다. 그저 기대만 해서는 얻을 수 있는 것이 아무것도 없습니다.

아무리 좋은 일이라도 실행하지 않는다면 없는 것과 같습니다. 실행하는 것이 어렵고 힘들다면 차라리 다른 일을 찾아보는 것이 좋습니다. 네트워크 마케팅에서의 시간은 다른 곳에서의 시간보다 훨씬 더 빨리 흐릅니다. 차일피일 미루다 보면 저도 모르는 사이에 낙오하고 맙니다. 더 큰 문제는 낙오하고도 낙오한 줄 모르고 여전히 일을 하고 있다고 생각하는 것입니다.

전업자는 전업자대로, 부업자는 부업자대로 할 수 있는 한 최선을 다하고 전력 질주해야 합니다. 실행에 옮길 수 있다면 누구나 성공할 수 있습니다.

50
배웠다면 대가를 지급하라

子曰, 自行束脩以上, 吾未嘗無誨焉 (자왈, 자행속수이상, 오미상무회언)
공자께서 말씀하셨다. 포 열 꾸러미 이상의 예를 행하는 자에게는 내가 가르쳐 주지
않은 적이 없다.

포 열 꾸러미(속수)는 춘추 시대에 예를 표하던 가장 작은 단위
였습니다. 공자께서는 가난한 사람이나 부유한 사람이나 가리지
않고 제자로 받아들여서 가르쳤습니다. 다만 공자께서는 배우려
는 사람은 자신이 할 수 있는 최소한의 사례라도 하는 것이 스승
에 대한 예의이며 배우려는 자세라고 생각했습니다.

네트워크 마케팅에서도 마찬가지입니다. 사업을 배우는 것을
마치 배워 주는 것으로 착각하는 사람이 있습니다. 그래서 밥도
차도 스폰서가 사는 것이 당연하다고 생각합니다. 이런 사람은 배
우려는 자세도 되어 있지 않고, 성공하려는 꿈도 희망도 절실하지

않은 사람입니다.

파트너 한 사람이 스폰서의 수입에 큰 영향을 주지는 않습니다. 적게는 몇만 원에서 많게는 10~20만 원어치 제품을 구매한 것으로 생색을 내는 사람이 있습니다. 당연히 스폰서의 입장에서는 고마운 일이지요. 그렇지만 좋은 제품을 합리적이면서 비교적 저렴한 가격에 구매한 것은 소비자의 입장에서도 고마운 일입니다.

네트워크 마케팅은 교육 사업입니다. 배우고 가르치는 일이 연쇄적으로 이어지면서 시스템을 형성하는 것이지요. 나중에 들어온 파트너는 먼저 참여한 스폰서로부터 하나에서 열까지 배워야 합니다. 스폰서의 영업 비밀을 돈 한 푼 안 들이고 전수합니다. 때때로 동행하면서 차근차근 가르쳐 주고, 전화나 문자 메시지, 이메일을 통해서 상담하고 조언하고 격려해 줍니다.

자, 그럼 누가 누구에게 '속수의 예'를 행해야 할까요?

밥값이나 찻값은 각자가 내야 합니다. 그래야 스폰서도 파트너도 부담이 없습니다. 물론 수억 원의 수당을 받는 사람이라면 얘기는 좀 달라지겠습니다만, 더치페이가 기본이 되지 않으면 스폰서도 파트너도 힘들어집니다. 파트너도 일주일만 지나면 스폰서가 될 수 있습니다. 내가 하고 싶지 않은 일이라면 남에게도 하게 해서는 안 됩니다. 여기저기서 얻어먹는 사람치고 성공한 사람을 아직 한 사람도 보지 못했습니다. 성공하고 싶다면 적어도 속수의 예를 행하거나, 자신의 비용은 스스로 감당해야 합니다.

51

스폰서는 스스로 돕는 자를 돕는다

子曰, 不憤不啓, 不悱不發, 擧一隅, 不以三隅反, 則不復也 (자왈, 불분불계, 불비불발,
거일우, 불이삼우반, 즉불부야)
공자께서 말씀하셨다. 분발하지 않으면 계발해 주지 않고, 더듬거리지도 않으면 말을
하게 해 주지 않고, 한 가지를 가르쳤을 때 세 가지를 알려고 들지 않으면, 다시 가르
치지 않는다.

말을 냇가까지 끌고 갈 수는 있어도 물을 먹일 수는 없다는 말
이 있습니다. 이와 비슷한 이야기입니다. 아무런 노력도 하지 않
고 맥을 놓고 있는 사람에게는 가르칠 필요도 없고, 가르쳐 봤자
기억하지도 실행하지도 못하기 때문입니다.

공자께서도 배우고자 하는 의지가 없는 사람은 가르치지 않았
습니다. 시간 낭비이기 때문이지요. 네트워크 마케팅에서도 마찬
가지입니다. 사업 내용을 전달해 줄 수는 있어도 그것을 받아들이
고 실행하는 것은 자신의 몫입니다. 사업에 관심은 보이면서 미팅

에도 나오지 않고, 제품도 사용하지 않으며, 소개조차 하지 못하는 사람은 제쳐 놓아야 합니다. 겉으로 보기에는 잘할 것 같고, 형편도 웬만하고, 인맥도 다양하다고 해도 본인이 움직이지 않으면 그 사람에게는 기대할 것이 없습니다.

우는 아기 젖 준다는 말처럼 스스로 요구하고, 억지로라도 발을 떼려고 해야 도와줄 수 있고 도와줬을 때 좋은 결과를 기대할 수 있습니다.

스폰서의 지속적인 관심과 후원을 받지 않으면 네트워크 마케팅은 제대로 진행되지 않습니다. 스폰서에게는 놀고 있는 당신이 아니라도 스스로 발돋움하기 위해 애쓰는 수많은 파트너가 있습니다.

손만 잡아 주면 일어나 걸을 수 있는 사람, 지도만 보여 주면 스스로 길을 찾아가려는 사람, 혼자서 달려가다 길을 잃어버리고 전화로 물어 오는 사람 등등 꿈과 목표를 향해 서슴없이 길을 나서는 사람들과 함께 있습니다. 스폰서가 있는 곳에 함께 있지 않으면 아무것도 이루어지지 않습니다.

스스로 움직여 보세요. 손가락 발가락부터 움직이다 보면 손과 발을 움직일 수 있고, 팔과 어깨 다리를 움직일 수 있고, 걸을 수 있고, 달릴 수 있게 됩니다. 넘어지지 않을까 두려워하지 마세요. 당신이 넘어질 때 득달같이 달려와 잡아 줄 스폰서들이 당신의 등 뒤에서 늘 함께 가고 있으니까요.

52

마음속에 멘토를 두라

子曰, 三人行, 必有我師焉, 擇其善者而從之, 其不善者而改之 (자왈, 삼인행, 필유아사
언, 택기선자이종지, 기불선자이개지)
공자께서 말씀하셨다. 세 사람이 길을 가면 그중에는 반드시 나의 스승이 될 만한 사
람이 있다. 그 좋은 점은 선택해서 따르고, 그 좋지 않은 점은 고쳐야 한다.

많이 들어 본 이야기입니다. 세 사람이 함께 있으면 반드시 본
받을 만한 말이나 행동을 하는 사람이 있다는 말입니다. 매일같이
만나는 사람들이라도 어느 날은 좋은 점을 보여주고, 어떤 날은
좋지 못한 점을 보여 줄 것입니다. 만나는 사람마다 그들의 장점
과 단점을 관찰하여, 장점은 본받고 단점은 거울삼아 고쳐 나간다
면 어질고 선한 사람이 될 수 있다는 말입니다.

네트워크 마케팅에서도 시스템이 요구하는 대로 정확하게 사업
을 하는 사람이 있다면 그 사람을 본받고, 빈둥빈둥 나태하거나
무리하게 사업을 전개하는 사람이 있다면 그 사람처럼 하지 않으

면 됩니다.

책을 읽어서 아는 일도 중요하지만, 사람을 읽어서 알고 따르고 경계하는 일은 훨씬 더 중요합니다. 지혜는 사람을 아는 데서 출발합니다. 지금 머릿속에 떠오른 사람의 장단점을 파악해 하나씩 하나씩 본받고 수정해 나가다 보면 어느새 부쩍 성장한 자신을 발견할 수 있을 것입니다.

53

듣고 본 대로 실천하라

子曰, 蓋有不知而作之者, 我無是也, 多聞, 擇其善者而從之, 多見而識之, 知之次也 (자
왈, 개유부지이작지자, 아무시야, 다문, 택기선자이종지, 다견이식지, 지지차야)
공자께서 말씀하셨다. 어쩌다 알지도 못하면서 그것을 지어내는 사람이 있겠지만, 나
는 그런 적이 없다. 많이 듣고, 그중에서 선한 것을 택해 따랐고, 많이 보고 머릿속에
새겼다. 아는 것은 그다음이다.

제대로 알지도 못하면서 통달한 것처럼 말하는 사람들이 있습
니다. 네트워크 마케팅에서 자신이 리더라고 착각하는 사람들이
이런 범주에 속합니다. 이들은 많이 듣고 보기는 했겠지만 좋은
것을 택해 따르지도 못했고, 머릿속에 새기지도 못한 채 스스로
다 알고 있는 것으로 생각해 버리는 것이지요. 일종의 과대망상입
니다.

많이 듣고 보는 것이야말로 지식을 확장하는 가장 좋은 방법입
니다. 견문을 넓힌다고 하지요. 앞에서 말한 '세 사람의 스승'과

같은 맥락입니다. 과거에는 좋은 강의를 들으려면 발품을 팔아서 강의장까지 가야 했지만, 요즘은 유튜브나 각종 소셜미디어를 통해서도 얼마든지 훌륭한 강의를 들을 수 있습니다. 많이 들어야 합니다. 많이 듣고 많이 보는 과정을 지나면 홀연히 길이 나타납니다.

또 강의장에서든 유튜브를 통해서든 가리지 않고 많이 듣다 보면 어느새 자신의 입이 트이는 것을 느낄 수 있을 것입니다. 네트워크 마케팅은 복제 사업입니다. 거듭해서 보고 듣고, 들은 말을 옮기는 것이 첫걸음이면서 전부라고 해도 과언이 아닙니다.

그러나 듣고 보는 것에 그치면 사업에 진전이 있을 리가 없습니다. 보고 듣는 과정에서 동의하는 부분이 있다면 즉시 실천해 봐야 합니다. 그저 고개만 끄덕이며 앉아 있어서는 듣고 본 일이 다만 시간 낭비에 불과하게 됩니다.

54
사치스러운 모습 대신 성장하는 모습을 보여 주라

子曰, 奢則不孫, 儉則固, 與其不孫也, 寧固 (자왈, 사즉불손, 검즉고, 여기불손야, 영고)
공자께서 말씀하셨다. 사치하면 불손해지기 쉽고, 검소하면 고루해지기 쉽다. 그래도 불손한 것보다는 고루한 것이 낫다.

주위의 사치스러운 사람들을 잘 살펴보세요. 대부분이 불손하고 교만합니다. 고가의 사치품을 걸치면 자신 역시 값이 오를 것이라고 생각합니다. 그러나 실상은 그 반대입니다. 형편에 맞지 않는 사치품을 걸칠수록 오히려 인간의 값은 내려가고 천박해집니다.

지나치게 검소하다 보면 고루하고 인색해지기 쉽지만, 차라리 사치스러우면서 불손하고 천박한 것보다는 낫다는 게 공자의 견해입니다.

네트워크 마케팅은 보여 주는 사업이라고 합니다. 사업의 비전을 보여 주고, 스폰서의 됨됨이를 보여 주고, 건전하고 화목한 팀의 진면목을 보여 주는 사업입니다. 그런데 고급 손목시계와 슈퍼카, 명품 의류와 장신구 따위를 보여 주는 사업이라고 오해하는 경우가 있습니다. 물론 사람들의 욕망을 자극하면 좀 더 쉽게 사업으로 유인할 수 있을지도 모릅니다. 하지만 정작 사업을 시작하고도 빠르게 그 욕망이 충족되지 않는다면 그 사람은 떠나게 됩니다.

비전이란 보이지는 않지만 달성할 수 있는 가능성입니다. 눈앞에 보이는 몇천만 원짜리 시계나 백이 아닙니다. 사람들이 많이 모여드는 기업은 사치하는 사람들이 많아서가 아니라, 검소하지만 건강한 영혼들이 모여서 많이 듣고 많이 보면서 스스로 성장해 가기 때문입니다.

부자란 명품 백을 든 가난한 영혼이 아니라, 그것을 구매할 수 있는 여력을 지닌 사람입니다. 그 여력이 모이고 모여서 진정한 부자가 되어 가고, 사치품은 모이고 모여서 그 주인을 가난으로 몰고 갑니다. 부유하되 공손하고 온화해야 합니다. 배우고 익히고 끊임없이 영혼을 단련해야 진정한 부자가 될 수 있습니다.

55

쉬지 말고 도량을 넓히고
의지를 다져라

曾子曰, 士不可以不弘毅 任重而道遠 (증자왈, 사불가이불홍의, 임중이도원)
증자가 말했다. 선비는 마음이 넓고 의지가 굳지 않으면 안 된다. 임무는 무겁고 길은
멀기 때문이다.

《논어》라는 인류 최고의 고전이 네트워크 마케팅을 이토록 완
벽하게 설명하고 있습니다. 선비라는 말을 스폰서나 성공하려는
사람으로 바꾸어도 무리 없이 뜻이 연결됩니다. 밴댕이 같은 소갈
머리로는 많은 사람을 담을 수가 없습니다. 또한, 박약한 의지로
는 먼 길을 갈 수가 없습니다. 성공이라는 길, 최고 직급 최고 소
득으로 가는 길은 멀고 험하고 또한 어둡습니다. 그 길을 헤쳐 가
자면 의지가 굳지 않으면 안 됩니다.

그리고 임무는 무겁습니다. 세상의 모든 스폰서에게는 파트너
를 성공하게 해야 한다는 임무가 부여돼 있습니다. 스폰서는 험하

고 멀고 어두운 길을 가는 동안 파트너들이 넘어지지 않도록 등불을 밝혀 주는 사람입니다.

또 스폰서는 외로운 사람들입니다. 때로는 길을 잘못 들 수도 있고, 가끔은 넘어져 등불을 꺼뜨리는 일도 있을 것입니다. 그럴 때 넘어진 스폰서의 흉을 보기도 하고, 못 미더운 마음에 대열을 이탈하는 사람들도 나타날 수 있습니다.

스폰서라고 해서 두렵지 않을 리는 없지요. 지치고 힘든 거로 치면 파트너들보다 몇 곱절 더하면 더했지 덜하지는 않을 것입니다. 이 모든 것을 감수하자면 마음이 넓어야 하고 강철 같은 의지를 지녀야 합니다.

56

받아들이고 지켜보라

子曰, 好勇疾貧, 亂也, 人而不仁, 疾之已甚, 亂也 (자왈, 호용질빈, 난야, 인이불인, 질지이심, 난야)
공자께서 말씀하셨다. 용맹한 사람이 가난한 것을 싫어하면 난동을 일으킨다. 사람이 인자하지 않다고 해서 지나치게 미워해도 난동을 일으킨다.

대부분의 사람은 가난을 좋아하지 않습니다. 다만 가난에서 벗어나기 위해 전심전력을 기울이는 사람이 있고, 가난에 굴복해 망가지는 사람이 있을 뿐입니다. 가난한 사람이 용맹하면 강도가 되기 쉽고, 그보다 조금 덜 용맹한 사람이 가난하면 도둑이 되기 쉽고, 소심한 사람이 가난하면 극단적인 선택을 하기 쉽지요.

가난한 사람에게 네트워크 마케팅은 절호의 기회입니다. 점포를 개설할 자본이 드는 것도 아니고, 과도한 초도 물품을 떠안아야 하는 것도 아닙니다. 약간의 비용만 낼 수 있다면 노력만으로도 얼마든지 부자가 될 수 있는 일입니다.

대리운전 일을 하다가 네트워크 마케팅을 만나 월 소득 5,000만 원을 받는 리더가 된 사람도 있습니다. 하지만 누구나 이렇게 되지는 않습니다. 회원으로 가입한 것만으로는 어떤 소득도 주어지지 않습니다. 어떤 일이든 성공으로 가는 길은 수치와 치욕의 강을 건너게 돼 있습니다. 그러나 자신에게 당당할 수 있다면 네트워크 마케팅을 통해 얼마든지 성공할 수 있습니다.

사업을 하다 보면 정말 다루기 힘든 사람을 만나기도 합니다. 공자께서 말하는 어질지 못한 사람이지요. 자신은 아무것도 하지 않으면서 왜 직급을 보내 주지 않느냐고 난동을 부리기도 하고, 사소한 문제를 침소봉대해 스폰서와 그룹과 회사 전체를 난처하게 만들기도 합니다. 그렇다고 해서 지나치게 미워하고 따돌린다면 그의 난동은 더 심해질 것입니다.

소인들의 특징은 고난도 오랫동안 견디지 못하고 영광의 시간도 길게 누리지 못하는 것입니다. 그런 사람일수록 쉽사리 열정이 식기 때문에 잘 달래 가며 시간을 보내다 보면 자신이 변하든지 그만두든지 선택하게 됩니다. 그러한 과정을 겪는 것도 리더가 되는 시험 과목 중의 하나라고 받아들일 수 있다면 그뿐입니다.

57

바다처럼 자신을 낮추라

子曰, 如有周公之才之美, 使驕且吝, 其餘不足觀也已 (자왈, 여유주공지재지미, 사교
차린, 기여부족관야이)
공자께서 말씀하셨다. 주공과 같은 훌륭한 재주를 지녔더라도 교만하거나 인색하면
그 나머지는 더 볼 것도 없다.

주공은 강태공과 함께 주나라 창건에 공헌한 인물입니다. 역사
상 인재를 가장 소중하게 여겼던 사람으로도 꼽힙니다. 공자께서
는 꿈속에서라도 주공을 만나고 싶어 했지요. 그런 공자가 주공과
같은 재주를 지녔더라도 달갑지 않다고 내치는 부류가 교만하거
나 인색한 사람입니다.

못난 사람이 잘난 척하는 것도 꼴불견이지만 잘난 사람이 잘난
척하는 것은 그야말로 밥맛입니다. 자신을 낮출 줄 알고 다른 사
람을 배려하고 인정할 줄 알아야 합니다. 세상의 모든 물이 바다
로 모이는 것은 바다가 가장 낮기 때문입니다.

또한, 인색해서는 안 됩니다. 검소한 것과 인색한 것은 하늘과 땅 차이입니다. 돈을 벌고도 사회적 책임에 무감각한 사람이라면 함께할 수가 없습니다. 자신의 부를 자랑하는 데에는 펑펑 돈을 쓰면서 소외된 사람에게는 무관심하다면 그는 파트너들에게도 무심할 가능성이 큽니다. 그런 사람이라면 정말 더 볼 것도 없습니다.

58

특혜가 있는 곳에는
반드시 비리가 있다

危邦不入, 亂邦不居 (위방불입, 난방불거)
위태로운 나라에는 들어가지 말고, 어지러운 나라에는 머물지 마라.

다른 나라 사람들은 대한민국을 상당히 위태로운 나라로 알고
있다고 합니다. 남북한이 대치하는 가운데 수시로 핵미사일을 쏘
아대고 가끔 총격전까지 벌어지니까 그럴 만도 하겠지요.

공자께서는 위태롭거나 어지러운 나라에는 들어가지도 머물지
도 말라고 조언하고 있습니다. 네트워크 마케팅 업계의 수많은 사
업자가 고민하는 부분과도 일맥상통하는 부분이 있습니다. 안정
된 회사, 인성과 품격이 갖추어진 경영진, 오래도록 유지 가능한
회사 등등 그다지 어렵지 않은 조건인 것 같은데 그런 회사를 찾
기가 힘들다고 합니다.

드물기는 해도 그런 회사와 경영진이 없는 것은 아닙니다. 다만

사업자들 가운데는 말은 그렇게 하면서도 자신에게만은 특혜가 주어지는 회사를 찾습니다. 내게 특혜가 주어진다는 것은 다른 사람에게도 내가 모르는 특혜가 주어질 수 있다는 뜻입니다. 조금 더 확대하여 해석하자면 주어졌던 특혜가 언제든 거두어질 수 있다는 말이기도 합니다. 위태로운 나라는 바로 그런 회사를 말합니다.

어지러운 나라라면 리더 사업자의 전횡을 묵인하는 회사가 되겠지요. 어떤 회사는 리더 사업자가 회사의 전산을 열어 마음대로 이리저리 레그를 옮기기도 한다는군요. 그처럼 어지러운 나라에는 절대로 머물면 안 됩니다. 설령 나에게 그런 권한을 줬다고 해도 오래가지도 않을뿐더러 오히려 회사의 존립을 걱정해야 하는 지경에 몰리기 쉽습니다.

회사를 선택할 때는 가장 먼저 경영진과 대화를 해 봐야 합니다. 지금까지 우리가 배워 온 군자君子나 선비나 인자仁者의 조건을 충족하는 사람이라면 무릎을 꿇고 빌어서라도 일할 수 있게 해 달라고 졸라야 합니다. 반대로 군자나 선비나 인자와 거리가 먼 사람이라면 무릎을 꿇고 빌더라도 함께해서는 안 됩니다.

59

떳떳한 곳에서 돈을 벌라

邦有道, 貧且賤焉恥也, 邦無道, 富且貴焉恥也 (방유도, 빈차천언치야, 방무도, 부차귀
언치야)
나라에 도가 행해지는데도 가난하고 천하다면 부끄러운 일이며, 나라에 도가 행해지
지 않는데 부유하고 귀한 것도 부끄러운 일이다.

군자나 선비나 인자가 운영하는 회사에서 영광된 자리까지 올
라가지 못하고 머뭇거린다면 부끄러워해야 합니다. 일한 만큼 정
당한 대가가 주어지는 회사임에도 불구하고 장기간 정체된다는
것은 일하는 방법에 문제가 발생한 것일 수도 있습니다.

슬럼프에 빠지면 스폰서 곁에 있어야 합니다. 파트너를 내려다
보면서 일희일비해서는 크게 성취할 수 없습니다. 슬럼프를 빠져
나올 방법과 길은 스폰서가 알고 있지 파트너가 알고 있는 게 아
닙니다.

정당한 회사에서는 정당한 노력이 돈으로 돌아오지만, 불법 업

체나 그에 준하는 어지러운 회사에서는 정당한 노력보다는 꼼수를 썼을 때 더 큰 돈이 들어오는 구조로 되어 있습니다.

불법 업체에서 일을 한다는 것은 범죄에 동조하는 행위입니다. 이런 회사에서 많은 돈을 벌었다고 떠벌리고 거들먹거리는 사람들이 적지 않습니다. 이것은 심히 부끄러운 일이며, 일장춘몽과 같은 짧디짧은 영광입니다. 영광은 짧고 고통만 길어진다면 인생 자체가 비뚤어져 버린 것입니다. 위태로운 회사, 어지러운 회사, 규정이 지켜지지 않는 회사는 사람들의 영혼을 더럽힐 수 있습니다.

60
어느 시대든 인재는 드물었다

舜有臣五人而天下治, 武王曰, 予有亂臣十人 (순유신오인이천하치, 무왕왈, 여유난신십인)
순임금은 신하 다섯 명으로 나라를 다스렸다. 무왕은 말하길, 나에게는 난세를 함께한
신하 열 명이 있다.

대한민국 네트워크 마케팅 업계에서 경영자들이 이구동성으로
하는 말이 있습니다. 리더감이 없다는 것입니다. 즉 인재난이라는
거지요. 사업자 리더들의 생각도 이와 다르지 않습니다. 일반 사
업자들은 괜찮은 회사도 없고 따라갈 리더도 없다고 합니다. 이만
큼 서로서로 잘 아는 상황도 없는 것이지요.

순임금은 중국의 전설적인 황제 5인에 들어갈 정도로 뛰어났습
니다. 무왕은 기원전 주나라를 건국하여 춘추 시대의 패자로 군림
했습니다. 이런 뛰어난 왕들도 기껏해야 열 명의 인재만을 뽑을
수 있었을 뿐입니다.

아주 특별한 시기를 제외하면 인재가 넘치던 시대는 없었습니다. 그러므로 인재가 없는 것은 당연한 일입니다. 가능성을 보이는 파트너를 거듭되는 교육을 통해 리더로 키워 내야 합니다. 흔히 화투 이야기를 많이 하지요. 마흔여덟 장의 화투를 뒤집으면 반드시 광이 다섯 장 들어 있다는 말입니다. 흑싸리 껍데기는 백일기도를 통해서도 광으로 만들 수 없습니다. 부단한 리쿠르팅과 콘택트만이 인재를 얻는 방법입니다.

61

한쪽 면만 보고 고집 피우지 말라

子絶四, 毋意, 毋必, 毋固, 毋我 (자절사, 무의, 무필, 무고, 무아)
공자께서는 네 가지를 하지 않았다. 편견에 사로잡히지 않고, 장담하지 않았으며, 고
집하지 않았고, 이기적이지 않았다.

이래서 성인으로 추앙받기에 이르렀겠지요. 회사와 리더의 갈
등, 스폰서와 파트너 사이의 갈등은 모두 서로의 한쪽 면만 보기
때문에 발생합니다. 특히 직접 대화하지 않고 다른 사람으로부터
서로에 대한 이야기를 듣고는 기정사실로 받아들여 일을 그르치
는 사례가 많습니다.

장담하고서 지키지 못하면 실없는 사람이 되어 버립니다. 이 세
상에 100% 확실한 일은 없고 좋은 일에는 마가 끼게 마련입니다.
여리박빙如履薄氷이라는 말처럼 살얼음을 밟듯이 언제 발생할지
모르는 위험까지 생각하면서 조심조심 앞으로 나아가야 합니다.

절대로 말이 앞서서는 안 됩니다.

경영자의 의견이라고, 리더의 의견이라고, 스폰서의 의견이라고 무조건 우기고 고집해서는 안 됩니다. 때와 상황은 언제나 바뀌는 것이므로 그 당시에는 합당했던 판단이 지금에 와서는 잘못된 결과를 초래할 수 있습니다. 그때는 맞았지만, 지금은 틀릴 수도 있기 때문입니다. 사소한 일이라도 충분히 검토하고 두루 소통한 후에 결정하는 것이 좋습니다. 당치 않은 스폰서의 고집 때문에 결별한 사례 또한 적지 않습니다.

인간의 본성 중에 가장 바뀌기 어려운 것이 이기심이지요. 자신만의 이익을 위한 선택은 회사에도 그룹에도 팀에도 치명적입니다. 다른 사람을 존중하고 그들에게 공손한 사람이라면 결코 이기적이지는 않을 것입니다. 이기적인 사람은 또한 교만하기도 쉽지요. 이러한 성향을 고치기 어려워하거나 고칠 생각이 없다면 네트워크 마케팅에는 발을 들여놓지 않는 것이 좋습니다. 아무리 열심히 일하더라도 사람의 마음을 얻지 못하면 네트워크는 형성되지 않으니까요.

62

당장의 어려움은 중요하지 않다
미래를 보라

吾少也賤, 故多能鄙事 (오소야천, 고다능비사)
나는 어렸을 때 천했고 그래서 비천한 일을 잘하게 됐을 뿐이다.

공자께서 자공과 대제의 대화를 듣고, 자신이 왜 다재다능할 수
있었는지에 관해 설명하는 내용입니다. 공자께서 다재다능할 수
있었던 것은 어렸을 때 가난하고 비천했으므로 가리지 않고 많은
일을 했기 때문에 여러 가지를 익힐 수 있었다고 대답합니다.

지혜는 경험을 통해 생기는 법입니다. 그 비천한 일을 하면서
인간사에 대한 여러 가지 생각을 하고, 의문을 품고, 그것들을 해
소하는 과정에서 공자는 성인이 될 수 있었을 것입니다.

지금 자신이 비천하다고 해서 네트워크 마케팅에 참여하는 것
을 망설이고 있다면 공자를 떠올려 보세요. 수많은 직업을 전전하
던 그가 2500년 후에까지 동양인들의 의식 구조를 절대적으로 지

배하고 있다는 사실을 말입니다. 공자와 같은 사상가가 되는 일은 불가능할 수 있어도 네트워크 마케팅을 통해 얼마간의 연금 소득은 창조해 낼 수 있습니다.

다양한 일을 경험한 것은 많은 사람을 만나는 기회가 되기도 했을 겁니다. 네트워크 마케팅은 고귀한 사람보다 조금 아래쪽의 사람들이 훨씬 더 성공할 가능성이 큽니다.

63

숨어 있는 재능은 재능이 아니다

子貢曰, 有美玉於斯, 韞匵而藏諸, 求善賈而沽諸, 子曰, 沽之哉 沽之哉, 我待賈者也
(자공왈, 유미옥어사, 온독이장저, 구선가이고저, 자왈, 고지재 고지재, 아대가자야)
자공이 말했다. 여기 아름다운 옥이 있다면, 궤 속에 넣어 감추시겠습니까? 좋은 값을
부른 사람에게 파시겠습니까? 공자께서 말씀하셨다. 팔아야지 암, 팔아야지. 나는 값
을 부를 사람을 기다리는 중이다.

공자는 끝내 팔리지 않았습니다. 어느 나라에서도 공자를 등용
하지 않아 자신이 공부하고 구상한 세상을 실현하지 못했습니다.
　자신의 능력을 확신한다면 시장으로 나가 자신을 팔아야 합니
다. 네트워크 마케팅에서 발군의 능력을 보여 주고도 사람으로부
터 받은 상처 때문에 좀처럼 되돌아오지 못하는 사람들이 있습니
다. 사람은 누구나 상처를 주고 또 상처를 입으면서 살아갑니다.
물론 한 번의 상처가 너무 깊어 절대 아물지 않을 수도 있습니다.
　그러나 사람은 넘어진 자리에서 일어서야 합니다. 좋아하는 일

보다는 잘하는 일을 했을 때 다시 일어날 확률이 높고, 잘하는 일을 돈 되는 일과 연결하면 상상 이상으로 큰 결과를 만들어 낼 수 있습니다.

능력을 갖췄다면 시장에 내놓아 팔아야 합니다. 네트워크 마케팅은 성별도 나이도 빈부도 묻지 않지만, 기왕 할 거라면 하루라도 빨리 시작하는 게 좋습니다. 퇴직 후에 시작하기보다는 돈을 벌고 있을 때 준비하는 것이 좋습니다. 부업으로 시작하는 것이 가장 좋은 선택입니다.

64

지금 겪는 고통은
마음속 모난 부분이 깎이는 과정

子在川上曰, 逝者如斯夫, 不舍晝夜 (자재천상왈, 서자여사부, 불사주야)
공자께서 냇가에서 말씀하셨다. 가는 것은 모두 이와 같구나. 밤낮으로 끊임없이 흐르
는구나.

모든 것은 흘러갑니다. 시간도 사람도 냇물처럼 끊임없이 흘러
갑니다. 그러나 그 모든 것은 냇물처럼 흘러오기도 하지요. 지나
간 시간만큼 다시 살아 내야 할 시간들이 오고, 기쁨을 주고 또는
슬픔을 주고 흘러간 사람처럼 또 다른 사람들이 다가올 것입니다.
나 또한 그들에게는 흘러간 사람이었으며 또 다가오는 사람이기
도 합니다.

냇물이 흘러 흘러 모난 돌을 깎듯이 끝없이 흘러가는 것들에 의
해 나 또한 부드럽고 편안하게 바뀌어 갈 것입니다. 그 물살에 맞
서지 않아야 합니다. 우리가 사람에 의해 상처 입고 고통받는 것

은 모난 마음이 깎이고 단련되는 순간이기도 합니다.

세월을 흐르는 물과 같다고 하지요. 사람 또한 흐르는 물과 같습니다. 집착하지 마세요. 생이불유生而不有라는 말이 있습니다. 내가 만들었다고 해서 소유하려 들면 안 된다는 말입니다. 내 조직, 내 매출이라는 말보다 더 부질없는 말은 없습니다. 함께 만든 조직이며 함께 만들어 낸 매출입니다. 사업을 이어 가는 동안 겪게 되는 모든 현상에 대해 '내 것'이라는 소유격을 붙인다는 것은 여전히 교만하다는 증거입니다.

그렇게 잘난 사람들이 왜 다른 회사로 옮겨 가서는 헤매는 것일까요? 운과 실력을 혼동하는 순간부터 불행은 시작됩니다. 운이 두 번만 좋으면 자신이 신이라도 되는 거로 착각하는 경영자와 사업자들이 적지 않습니다. 매출이 올라갈 때는 운이 좋은 것이라는 걸 알고, 매출이 내려갈 때는 실력이 부족하다는 걸 깨달아야 합니다. 옛날에는 잘했는데 지금은 그렇지 않다면 옛날에는 운이 좋았던 겁니다. 반대로 옛날에는 못했는데 지금은 잘한다면 바로 지금 운이 좋은 것입니다.

많든 적든 매출이란 경영자 혼자서 만든 것도 아니고, 스폰서 혼자서 달성한 실적도 아니며, 더군다나 파트너가 혼자서 만들었을 리는 더더욱 없는 것이지요. 네트워크 마케팅이 팀워크를 바탕으로 성장한다는 사실을 인정하는 사람이라면 조직도 매출도 팀이 함께 만들어 낸 것이라는 사실도 인정해야 합니다.

65

한 걸음만 더 나아가라
바로 그곳이 정상이다

子曰, 譬如爲山, 未成一簣, 止, 吾止也, 譬如平地, 雖覆一簣, 進, 吾往也 (자왈, 비여위
산, 미성일궤 ,지, 오지야, 비여평지, 수복일궤, 진, 오왕야)
공자께서 말씀하셨다. 비유컨대 산을 쌓을 때 한 삼태기가 모자라는 데 그만뒀더라도
내가 그만둔 것이고, 평지를 고를 때 비록 한 삼태기만 부었을지라도 내가 진전시킨
것이다.

산을 쌓는 일은 어렵습니다. 네트워크 마케팅은 산을 쌓는 일과
도 같습니다. 한 삼태기씩 한 삼태기씩 부단히 흙을 갖다 붓고 다
지며 정상까지 만들어 가는 것입니다. 단순히 혼자서 산을 오르는
일이 아니라는 사실에 유의해야 합니다. 산을 오르는 일과 산을
만드는 일은 하늘과 땅 차이입니다. 산이 만들어지는 동안 수시로
흙을 이고 지고 산을 오르내리는 일을 반복해야 합니다.
　다른 일들이 오롯이 혼자서 산을 쌓는 일이라면 네트워크 마케
팅은 앞 사람이 부어 놓은 흙 위에 내가 한 삼태기 더하고, 또 다

른 사람이 다시 한 삼태기를 더하면서 쌓아 가는 일입니다. "밀려서 간다"는 말이 바로 그것입니다. 내가 잠시 숨을 고르고 있더라도 다른 사람들이 갖다 부은 흙이 나를 정상까지 올려놓기도 합니다. 그러므로 네트워크 마케팅은 내 사업이 아니라 '우리 사업'입니다.

그럼에도 불구하고 많은 사람이 정상을 목전에 두고 산에서 내려옵니다. 마지막 한 삼태기만 갖다 부으면 산이 완성되는 상황에서 그만둬 버리는 것이지요. 신고간난辛苦艱難 끝에 쌓아 올린 산이 우뚝 서 있는데도 말입니다. 그렇게 포기하는 것도 결국 자신이 판단한 것이지요. 수많은 핑계가 있겠지만, 최종적인 선택은 본인의 몫입니다.

당신이 포기하면 당신이 쌓아 놓은 산에 마지막 한 삼태기만 갖다 붓고도 정상에 서는 사람이 생깁니다. 온 힘을 기울인 당신의 노력이 다른 사람의 영광이 되는 것입니다. 포기하지만 않는다면 당신이 지쳐 쓰러지기 전에 손을 잡고, 부축하고, 때로는 업고서라도 함께 가 줄 사람들이 있을 겁니다. 네트워크 마케팅은 팀워크로 이루어지는 사업이기 때문입니다.

66

열매 맺을 때까지 쉬지 말고 도전하라

子曰, 苗而不秀者有矣夫, 秀之不實者有矣夫 (자왈, 묘이불수자유의부, 수지불실자유의부)
공자께서 말씀하셨다. 싹은 났으나 꽃이 피지 않는 것도 있을 것이고, 꽃은 피었으나 열매를 맺지 못하는 것도 있을 것이다.

참 평범한 진리인데 공자께서 말씀하셨다니 천하의 명언이 돼버렸습니다. 네트워크 마케팅도 마찬가지입니다. 남보다 빨리 중간 직급에 올랐다고 해서 반드시 성공이 보장되는 것도 아니고, 첫 직급을 달성하기까지 오랜 시간이 걸렸다고 해서 성공하지 못하는 것도 아닙니다. 산을 쌓는 기분으로 끊임없이 지루하게 반복하다 보면 어느 날 덜컥 열매를 맺습니다.

꽃이 피었다는 것은 이제 곧 열매를 맺을 수 있다는 약속입니다. 고지가 시야에 들어오기 시작한 것입니다. 주마가편走馬加鞭이라고 하지요. 달리는 말에 채찍을 가하듯 전력을 다해 치고 올라갈 때입니다. 밀물이 들어왔을 때가 노를 저어야 할 타이밍입니다.

꽃에만 열광하는 사람들은 열매의 결실을 놓칠 수 있습니다. 과수원을 경영하는 사람들은 너무 많은 꽃이나 열매가 달리면 솎아주는 작업을 합니다. 작은 열매들이 많으면 많을수록 큰 열매를 맺기가 어렵기 때문입니다.

단 한 사람도 아쉬운 판에 솎아 내다니요. 그렇지만 조직을 만들어 나가다 보면 반드시 해를 끼치는 사람이 끼어들게 마련입니다. 스폰서 입장에서는 고통과 시련의 시간이지요. 이런 사람들은 떠날 때도 혼자 떠나지 않습니다. 갖가지 이단을 들이대어 파트너들을 동요시키기도 합니다.

파트너가 많아지는 것은 분명 고무적인 일입니다만, 올망졸망 움트는 그들 중에 될성부른 떡잎과 커다란 열매가 될 꽃들 찾아내어 집중해야 합니다. 꽃을 피우지 못하는 싹은 많을 수밖에 없습니다. 열매를 맺지 못하는 꽃은 훨씬 더 많지요.

꽃에 취해 꽃놀이만 하다가 떠나는 사람도 있고, 꽃이 흐드러진 와중에도 한 삼태기 흙을 넣고, 거름을 넣으며 열매로 보상받기 위해 땀을 흘리는 사람이 있습니다. 꽃이 피었다고 멈춘다면 열매를 맺을 수 없습니다. 꽃은 아름답고 화려하지만 꽃이 떨어지지 않으면 열매를 맺을 수 없습니다.

67

먼저 시작했다고
먼저 성공하지는 않는다

子曰, 後生可畏, 焉知來者之, 不如今也 (자왈, 후생가외, 언지래자지, 불여금야)
공자께서 말씀하셨다. 후진들을 두려워해야 한다. 어찌 나중에 오는 사람들이 지금의
우리만 못하겠는가?

공자께는 3,000여 명에 이르는 많은 제자가 있었습니다. 그 많
은 제자가 선착순으로 똑똑하거나 학문적인 성취를 이루지는 않
았을 것입니다. 어쩌면 나중에 온 사람들이 훨씬 더 명민했을 수
도 있겠지요. 뛰어난 스승을 찾는 뛰어난 제자가 나중에 소문을
들었을 수도 있습니다.

선배가 후배보다 못하면 좀 창피하겠지요. 요즘 젊은이들은 어
려서부터 세계 각지의 정치와 경제, 문화에 대해 보고 들으며 자
랐습니다. 당연히 앞선 세대들보다는 견문이 넓고 지적으로도 뛰
어날 것입니다.

그런 그들이 서서히 네트워크 마케팅의 중심으로 유입되고 있습니다. 후배들을 두려워하고, 파트너 무서운 줄을 알아야 합니다. 먼저 깃발을 세웠다고 모든 영광이 그곳으로 집중되지는 않았습니다. 춘추 전국 시대만 하더라도 가장 먼저 패자에 오른 것은 제나라였지만 중국을 통일한 것은 저 서쪽 변방의 진秦나라였습니다. 그러나 진나라의 영광도 오래가지는 않았습니다. 통일 후 고작 14년 만에 멸망하고 맙니다.

기업이든 사업자든 후진들을 두려워해야 합니다. 두려워해야 한다는 말은 경계하거나 적대시하라는 말이 아닙니다. 후진들에 밀리지 않는 기업, 파트너에게 밀리지 않는 스폰서가 되기 위해 온 힘을 다해야 한다는 말입니다.

네트워크 마케팅 사업은 뛰어난 파트너가 등장한다고 해서 스폰서가 사라지는 제로섬 게임이 아닙니다. 그런 파트너가 많을수록 오히려 스폰서의 사업이 더 번창하는 사업입니다. 다만 그들의 성장을 위해 한 걸음 뒤로 물러나 밀어줄 수 있느냐 하는 것이 관건입니다. 처음에는 끌어 주고, 추월한 다음에도 기꺼이 뒤에서 밀어줄 수 있어야 합니다. 그것이 자신도 성공하는 최선의 방법입니다.

68

흔들리는 리더보다
단호한 초보자가 낫다

子曰, 三軍可奪帥也, 匹夫不可奪志也 (자왈, 삼군가탈수야, 필부불가탈지야)
공자께서 말씀하셨다. 삼군이라도 그 장수를 사로잡을 수 있지만, 필부일지언정 그 뜻
을 빼앗을 수는 없다.

삼군이란 꽤 큰 제후국이 거느릴 수 있는 군대의 규모를 말합니
다. 휘하에 3만 7,500명 정도의 군대를 거느리는 장수라도 적국에
사로잡힐 수 있지만, 평범한 사람이라도 그의 뜻은 뺏을 수가 없
다는 말입니다. 아무리 큰 그룹을 거느렸다고 해도 흔들리는 리더
는 언제든 사로잡을 수 있습니다.

테헤란로를 떠도는 사람들뿐만 아니라 특정 회사에 소속돼 있
으면서도 호시탐탐 새로운 기회를 엿보는 리더들이 적지 않습니
다. 이런 리더들보다는 굳은 의지를 지닌 초보 사업자가 차라리
더 낫다는 이야기입니다. 큰 그룹을 갖고서도 왜 흔들리는 것인지

그 속내는 다 알 수 없어도, 초보자의 결기와 끈기가 오히려 더 큰 결과를 만들어 내는 사례가 허다하지요.

무슨 일이든 의지가 꺾인 후에는 오합지졸이 되고 맙니다. 아무리 인원이 많다고 하더라도 전의를 상실했다면 제대로 싸워 보지도 못하고 전멸하게 됩니다. 하물며 삼군의 장수가 탈영을 꿈꾼다면 갓 훈련소를 나온 이등병이 달려들어도 얼마든지 사로잡을 수 있습니다.

그래서 네트워크 마케팅은 끊임없이 의지를 다지고, 꿈을 꾸고, 목표를 설정해야 하는 사업입니다.

69

어진 사람을 알아보는 눈을 길러라

子曰, 歲寒然後, 知松柏之後彫也 (자왈, 세한연후, 지송백지후조야)
공자께서 말씀하셨다. 추운 계절이 와야 소나무와 잣나무가 푸르다는 것을 알 수 있다.

많이 들어 본 말입니다. 잘될 때는 모두가 충신 같고 모두가 회
사를 위해 제 한 몸 희생할 수 있을 것 같습니다. 그러나 위기 상
황이 발생하면 그 많던 충신은 사라지고 기회주의자들만 득실득
실합니다. 그제야 회사의 초창기에 헌신하면서 일했던 사람을 찾
아 나서지만 이미 그 사람은 떠나고 없습니다.

코로나19로 인해 매출액이 하락한 업체들 중에 이런 상황에 처
한 곳이 많습니다. 제대로 된 리더가 얼마나 중요한 것인지 이제
야 비로소 알게 된 것입니다. 그럭저럭 운영될 때는 지금만큼 아
쉽지는 않았을 것입니다. 뒤늦게 수소문해 보지만, 경영자의 수준
과 밑천이 드러난 판국에 되돌아올 리는 없습니다.

원칙이 지켜지지 않는 회사에서 돈을 버는 것이 얼마나 수치스러운 일인지 그들은 이미 알고 있기 때문입니다. 경영자에게도 리더 사업자에게도 평상시에도 소나무와 잣나무를 찾아낼 줄 아는 눈이 있어야 합니다. 그들을 인정하고 받아들일 만큼 품이 넓어야 합니다.

70

걱정하지 말고 용감하게 나아가라

子曰, 知者不惑, 仁者不憂, 勇者不懼 (자왈, 지자불혹, 인자불우, 용자불구)
공자께서 말씀하셨다. 지혜로운 사람은 미혹되지 않고, 어진 사람은 근심하지 않으며,
용맹한 사람은 두려워하지 않는다.

미혹되지 않는다는 것은 '팔랑귀'가 아니라는 말입니다. 자신의
선택을 믿고 계획을 세워 차근차근히 해 나가는 사람은 지혜롭습
니다. 지혜롭지 않은 사람은 남의 떡을 더 크게 봅니다. 남들이 보
기에는 터무니없이 작은 떡인데도 그 작은 떡에 박힌 콩 한 알에
마음을 뺏겨 떡 자체의 크기를 착각합니다.

올바른 회사를 선택했다면 근심하지 말아야 합니다. 될지 안 될
지 근심하지 말고, 어떻게 정상까지 도달할지 지도를 그려 보는
것이 좋습니다. 지도가 없으면 길을 잃어버리거나 중도 포기하고
하산해 버릴 수도 있습니다. 어떻게 가야 하는지, 얼마나 오랫동

안 가야 하는지, 누구와 갈 것인지에 대해서 숙고하고 계획해야 합니다.

이제는 용감하게 전진하는 일만 남았습니다. 몸으로 부딪치고 돌파하는 걸 두려워해서는 안 됩니다. 세상의 모든 난관은 지속적인 용기 앞에서 무용지물이 됩니다. 용감하게 뚫고 가는 중에도 무수한 유혹이 있고, 근심 걱정이 몰려오기도 합니다. 그러나 자신의 선택을 믿고 용기를 내어 앞으로 나아가야 합니다. 정상적인 회사를 선택했다면 성공이라는 것 역시 편법을 쓰거나 지름길로 오지 않고 정상적으로 찾아오게 돼 있습니다.

71

사람을 가장 우선순위에 두어야 한다

廐焚, 子退朝曰, 傷人乎, 不問馬 (구분, 자퇴조왈, 상인호, 불문마)
마구간이 불탔을 때, 공자께서 퇴근하여 물었다. 다친 사람이 있는가? 말에 대해서는
묻지 않았다.

참 쉬운 이야기입니다. 사람을 가장 우선순위에 둬야 한다는 가
르침입니다. 지금도 말 한 마리는 수천만 원을 호가합니다. 하루가
멀다 하고 전쟁을 벌이던 당시의 말값은 훨씬 더 비쌌을 것입니
다. 공자는 대인다운 면모를 보여 줍니다. '다친 사람이 있는가?'

누군가의 실수로 불이 났을 것입니다. 이미 불은 마구간을 태우
고 꺼졌습니다. 목숨이 오가는 상황에서 실수한 사람을 탓하거나,
말의 안부를 먼저 묻는 사람이었다면 공자는 이미 공자가 아니었
을 것입니다.

누구나 실수를 합니다. 그르친 일은 다시 하면 되지만, 잃어버

린 사람은 되찾을 수가 없습니다. 사소한 일 때문에 사람을 잃어
서는 안 됩니다. 못 본 척해도 될 일의 잘잘못을 따지다가는 모든
걸 잃어버리는 수도 있습니다.

72

사람이 들어오고 나가는 데 영향받지 말라

子曰, 從我於陳蔡者, 皆不及門也 (자왈, 종아어진채자, 개불급문야)
공자께서 말씀하셨다. 진나라와 채나라에서 나를 따르던 사람들은 모두 문하에 없구나.

이것이 사람의 마음입니다. 문하에는 3,000명이 넘는 제자가 있었지만 안회, 자로, 자사 등등 몇몇 주요 제자를 제외하면 수시로 들어왔다가 또 나가는 일이 반복됐을 겁니다. 공자의 가르침대로 행동한다는 것은 당시로도 결코 쉬운 일이 아니었을 테니까요.

네트워크 마케팅도 마찬가지입니다. 다이아몬드 또는 최고 직급에 가서 돌아보면 처음 실버를 가고 골드를 갈 때 함께한 파트너들은 거의 남아 있지 않을지도 모릅니다. 흔들리지 않을 만큼 지혜로운 사람도 드물고, 보이지 않는 비전을 신뢰하기에는 근심 걱정이 많았을 겁니다. 그리고 그 막막한 세계를 향해 달려 나갈 만큼 용감한 사람도 별로 없기 때문입니다.

비록 진나라와 채나라에 머물 때 문하에 있었던 제자들이 모두 없어졌지만, 여전히 공자의 제자는 3,000명을 헤아렸으니 큰 문제가 있는 것은 아니지요. 어떤 모임이든 탈퇴하는 회원도 있고, 활동하지 않는 회원도 있으며, 새로 들어오는 회원도 있게 마련입니다.

이런 과정을 반복하면서 그룹은 커지고 개인은 성장하는 것입니다.

73

다른 사람 앞에서 흉보지 말라

子曰, 由之瑟, 奚爲於丘之門, 門人不敬子路, 子曰, 由也昇堂矣, 未入於室也 (자왈, 유지슬, 해위어구지문, 문인불경자로, 자왈, 유야승당의, 미입어실야)
공자께서 말씀하셨다. 자로의 거문고 소리를 어찌 내 문하에서 나오는 소리라 하겠는가? 이로 인해 제자들이 자로를 존경하지 않게 되자 공자께서 말씀하셨다. 자로는 이미 대청에는 올랐으나 방에 들어가지 못했을 뿐이다.

공자께서 실수한 부분입니다. 유는 이름이고 자로는 자字입니다. 다른 제자들 앞에서 자로의 거문고 소리가 거칠다고 나무랐는데, 제자들은 자로의 학문적인 부분까지 의심하여 존경하지 않았다는 말입니다. 뒤늦게 변명처럼 덧붙이지만, 글쎄요. 제자들의 생각을 완전히 바꿔 놓지는 못했을 것 같습니다.

이런 스폰서 꼭 있지요. 파트너들 앞에서 다른 파트너를 비난하거나 헐뜯게 되면 가장 큰 피해는 자신에게 돌아옵니다. 한번 뱉은 말은 주워담을 수 없습니다. 아마도 공자는 즉시 반성하고 고

쳤을 것입니다. 자신이 주장한 것이 바로 과즉물탄개過則勿憚改, '잘못이 있으면 즉시 고쳐라'였으니까요.

다른 사람 앞에서 특정인을 비난한다고 해서 그 사람의 잘못이 고쳐지지는 않습니다. 당사자에게 직접 이야기해야 개선할 기회와 생각할 수 있는 여지를 줍니다. 다른 사람 앞에서 다 이야기하고 난 다음에는 원망하는 마음만 남습니다. 최악의 경우는 헤어지게 되지요.

대부분 헤어질 때는 파트너는 물론이고 형제 라인까지 다 흔들어 놓고 떠납니다. 누가 더 큰 손해일까요? 공자께서도 이 발언으로 체면이 손상되는 손해를 본 것은 아닐까요?

74

잡생각에 지지 말라

安淵問仁, 子曰, 克己復禮爲仁, 一日 克己復禮, 天下歸仁焉 (안연문인, 자왈, 극기복례
위인, 일일 극기복례, 천하귀인언)
안연이 인에 대해 묻자 공자께서 말씀하셨다. 자기 자신을 이기고 예로 돌아가는 것이
인이다. 하루라도 자기 자신을 이기고 예로 돌아간다면 천하는 인으로 돌아갈 것이다.

극기복례克己復禮라는 말도 심심찮게 듣는 고사성어에 속하지
요. 극기, 즉 자기 자신을 이긴다는 말이 여기에서 비롯됐습니다.
극기 훈련이라는 말도 있지요. 자기 자신을 이긴다는 말은 마음속
에서 솟아나는 헛된 욕망, 목표를 향해 가는 동안 끊임없이 유혹
하는 모든 잡생각을 이겨 낸다는 것을 뜻합니다.

의지가 강하다는 말은 잡생각을 하지 않는다는 게 아니라, 잡생
각에 휘둘리지 않는다는 것입니다. 누구라도, 심지어는 성직자라
도 욕망의 공격을 받고 잡생각의 유혹을 받습니다. 다만 흔들리지
않고 이겨 내기 때문에 성직자가 되고 성공자가 되는 것입니다.

이것은 하루아침에 이루어지는 경지가 아닙니다. 시도하고 또 시도하는 과정에서 단 하루라도 자신을 이길 수 있다면 이틀을 이길 수 있고, 또 사흘을 이길 수 있습니다. 한 사람이 극기하고 두 사람이 극기하다 보면 팀원 대부분이 유혹을 이겨 낼 수 있고 그 그룹은 엄청난 성과를 거두게 될 것입니다.

75

자신의 본분을 다하라

齊景公問政於孔子, 孔子對曰, 君君, 臣臣, 父父, 子子 (제경공문정어공자, 공자대왈, 군
군, 신신, 부부, 자자)
제나라 경공이 정치에 대해 공자에게 묻자 공자께서 대답했다. 임금은 임금다워야 하
고, 신하는 신하다워야 하며, 어버이는 어버이다워야 하고, 자식은 자식다워야 합니다.

각자의 본분을 다하도록 하는 것이 정치라고 명료하게 정리하
셨군요. 경영자는 경영자다워야 합니다. 경영자는 장기적인 비전
에 근거해 목표를 세우고 각각의 인재를 적재적소에 배치할 줄
알아야 합니다. 곧고 무거운 사람을 가장 위에 올려놓아야 휘고
굽은 사람도 펴질 수 있습니다. 반대로 휘고 굽은 사람을 가장 위
에 올렸을 때는 곧고 무거운 사람마저 휘어지거나, 회사를 떠나게
됩니다. '인사人事가 만사萬事'라고 했습니다. 경영자는 장기를 두
는 사람이지 장기판의 말이 아닙니다. 공연히 말로 나서 장기판을
어지럽히는 일이 없어야겠습니다.

그리고 부하 직원은 부하 직원다워야 합니다. 주제넘게 상사의 권한을 대신 행사하려 해서도 안 되고, 주어진 일을 미뤄서도 안 됩니다 공자께서는 시종일관 민첩한 행동을 강조합니다. 주어진 일이라면 민첩하게 해내야 합니다.

또 스폰서는 스폰서다워야 하겠지요. 끊임없이 배우고 익혀서 사업 전반에 관한 한 최고의 전문가가 되어야 합니다. 그리고 파트너를 정확하게 시스템으로 안내해 양질의 강의를 듣게 하고, 사업을 결심하도록 하고, 행동 요령을 숙지할 수 있도록 돌봐야 합니다. 사업 초기에는 함께 필드에 나가 파트너를 도와야 합니다.

파트너는 스폰서나 시스템에서 요구하는 대로 하겠다는 각오가 되어 있어야 합니다. 나름대로, 내 생각대로 하면 더 잘될 것 같지만, 그 방법은 이미 스폰서의 스폰서들까지 시도해 봤던 방법일 수 있습니다. 초보자는 수단과 방법을 가리지 말고 가장 빠른 시간 안에 회사와 제품과 보상 플랜에 대해 완벽할 정도로 숙지하는 것이 중요합니다. 나머지는 스폰서와 상담하면 됩니다.

76

장점을 키워 주라

子曰, 君子成人之美, 不成人之惡, 小人反是 (자왈, 군자성인지미, 불성인지악, 소인반시)
공자께서 말씀하셨다. 군자는 다른 사람의 좋은 점을 도와 이루게 하고, 나쁜 점을 이루도록 돕지는 않는다. 소인은 이와 반대다.

군자라는 말을 스폰서라는 말로 바꿔도 충분히 뜻이 통합니다. 스폰서는 파트너의 장점을 찾아내 성공할 수 있도록 도와주는 사람입니다. 나쁜 점을 본다면 바로잡도록 충고하고 도와줘야 합니다.

학창 시절 친구를 잘못 사귀어서 함께 나쁜 길로 빠지는 사람이 있는 반면, 친구를 잘 만나서 학문에 뜻을 두거나 진취적인 꿈을 꾸게 되는 사람도 있습니다. 먹을 가까이하면 검어지고, 인주를 가까이하면 붉어진다는 말이 바로 그것입니다.

친구를 보면 그 사람을 알 수 있다고 하는 말도 같은 맥락입니다. 그러므로 좋은 사람 곁에 머무는 것이 좋습니다. 나보다 못한 사람을 사귀지 말라고 하는 것도 같은 뜻이지요. 네트워크 마케팅은 나보다 나은 사람, 적어도 나보다 못하지 않은 사람과 했을 때 성공할 확률이 높아집니다. 중언부언 거듭 강조한다는 것은 그만큼 중요하기 때문입니다. 이리저리 만만한 사람에게만 손을 내밀다 보면 어느새 내 사업도 만만해져 버릴 수 있습니다.

77

군자가 되라 바람이 되라

君子之德風, 小人之德草, 草尙之風必偃 (군자지덕풍, 소인지덕초, 초상지풍필언)
군자의 덕은 바람 같고, 소인의 덕은 풀과 같다. 풀은 항상 바람이 부는 대로 넘어지게
마련이다.

소인들이 아무리 창궐해도 순리를 거스를 수는 없습니다. 인간
의 마음이란 아주 특별한 경우를 제외하면 선량하게 살고 싶어
합니다. 나누고 또 베푸는 삶을 지향하지요. 네트워크 마케팅에
종사하는 사람들이 스피치를 통해 드러내는 꿈의 종착지는 항상
나눔과 봉사와 기부입니다. 형편이 따르지 않을 뿐, 누구나 세상
의 춥고 어두운 곳을 따뜻하게 데워 주고 또 밝혀 주는 삶을 살아
가고 싶어 합니다.

대체로 소인이나 악인들은 극히 적은 수에 불과합니다. 어쩌다
그들이 여론을 선도하거나 무리를 지을 수는 있어도 인간의 본성

을 바꾸지는 못합니다. 소인의 덕이 아무리 거칠고 뻣뻣하더라도 끝내 바람에 눕고 흔들리게 마련입니다.

한국의 네트워크 마케팅의 역사만 보더라도 악인이 무리를 지어 짧은 영화를 누린 적은 있지만, 그것이 해를 두고 지속했던 적은 없습니다. 굳이 대결하지 않아도, 마음속을 선한 생각으로 가득 채우기만 해도 풀이 눕는 것을 볼 수 있을 것입니다.

78

낮출 줄 알아야 통달하게 된다

夫達也子, 質直而好義, 察言而觀色, 慮以下人 (부달야자, 질직이호의, 찰언이관색, 려
이하인)
대체로 통달한 사람은 질박하고, 정직하여 정의로운 것을 좋아하며, 남의 말과 얼굴빛
을 잘 살펴 사람들에게 낮출 것을 생각하는 사람이다.

통달했다는 것은 모든 것을 알고, 모든 것에 능숙한 사람이 아
니라 자신을 낮출 줄 아는 사람이군요. 질박하다는 것은 화려하게
꾸미지 않는다는 말입니다. 아무리 꾸며 봤자 도무지 티가 안 나
는 사람이 있고, 전혀 꾸미지 않아도 이끌리는 사람이 있습니다.
　사람을 끄는 사람은 도리에 어긋나는 일은 하지 않습니다. 정의
롭다는 말이 바로 그것입니다. 벼가 익을수록, 직급이 올라가고
경험이 쌓일수록 도리에 어긋나는 일을 해서는 안 됩니다. 얼마간
부당하게 느껴지더라도 규정과 규칙을 지켜야 합니다. 보이지 않
는다고 숨어서 일을 꾸미는 것은 도리에 맞지 않습니다.

네트워크 마케팅 기업을 운영하다 보면 때때로 불편부당한 상황을 만나기도 합니다. 그럴 때일수록 냉정하게 상황을 판단하고 이치와 도리에 맞는 방법을 찾아내야 합니다. 순리와 도리는 함께 흐르는 강물과 같습니다.

사업자도 마찬가지입니다. 아무리 비밀리에 일을 진행하더라도 회사도 알고, 기관도 알고, 단체도 압니다. 발 없는 말이 천 리를 간다지만, 요즘은 문자 메시지 한 토막이 미국도 가고 케냐도 가고 브라질도 가는 시대입니다. 점점 더 비밀이 없어지고 있습니다.

충성忠誠이라는 말은 굴복하고 복종한다는 뜻이 아니라 정성을 기울이고 성실하다는 뜻입니다. 사람에게 정성을 기울이고 성실하다는 것은 귀 기울여 듣고 상대방의 낯빛을 살피는 것입니다. 낯빛을 살피는 것은 눈치를 보라는 것이 아니라 상대의 고민과 근심이 어디에 있는지 살피라는 말이지요.

이 모든 것을 매일매일 거듭거듭 실행하다 보면 나 자신은 낮아지고 낮아질 수 있습니다. 온 세상의 물길은 낮은 땅으로 흘러듭니다. 그렇게 연못이 되고 호수가 되고 마침내 바다가 되고 나면 그저 존재하는 것만으로도 사람을 불러 모으는 리더로 성장할 수 있습니다.

79

이익을 앞세우지 말고
다른 사람을 책망하지 말라

樊遲從遊, 於舞雩之下曰, 敢問, 崇德修慝辯惑, 子曰, 善哉問, 先事後得 非崇德與, 攻
其惡, 無攻人之惡, 非修慝與, 一朝之忿, 忘其身, 以及其親, 非惑與 (번지종유, 어무
우지하왈, 감문, 숭덕수특변혹, 자왈, 선재문, 선사후득, 비숭덕여, 공기악, 무공인지악,
비수특여, 일조지분, 망기신, 이급기친, 비혹여)
번지가 공자를 따라 무우 아래서 머물다 말했다. 감히 여쭙습니다. 덕을 높이는 법과
사악한 마음을 다스리는 법과 미혹됨을 분별하는 법을 가르쳐 주십시오. 공자께서 말
씀하셨다. 좋은 질문이다. 일을 앞세우고, 이득을 뒤로하면, 덕을 높이는 것이 아니겠
느냐? 자신의 잘못을 바로잡되, 다른 사람의 잘못을 책망하지 않는 것이 사악함을 다
스리는 것이 아니겠느냐? 사소한 분노로 자신을 잊음으로써 그 화가 부모에게까지 미
치도록 하는 것이 미혹됨이 아니겠느냐?

순리라는 말은 순서를 말합니다. 먼저 해야 할 것과 나중에 해
야 할 것을 구분하는 것에서 덕은 출발합니다. 먼저 일한 후에 이
익을 따지는 것이 순서이며 순리입니다. 아주 특별한 경우가 아니
라면 선금을 지급하고 일을 시키지는 않습니다. 일한 후에 월급을
받고 주급을 받고 일당을 받습니다.

그러나 일만 하고 돈을 받지 못하는 사례가 자주 발생합니다. 경영자나 스폰서가 악한 사람이어서 그럴 때도 있지만, 수당이 발생하는 체계를 전혀 이해하지 못해서 엉뚱한 방식으로 레그를 형성함에 따라 심각한 누수가 생기기도 합니다. 이것은 보상 플랜을 충분히 숙지하지 못했기 때문에 발생합니다. 일을 할 때는 어떻게 해야 효율적인지 스폰서와 함께 심사숙고한 다음에 해야 합니다.

'똥 묻은 개가 겨 묻은 개 나무란다'는 속담이 있습니다. 자신을 몰라도 너무 모르는 사람을 가리키는 말이지요. 늘 자신을 보고 있어야 합니다. 일을 제대로 하지 않거나 게으른 사람은 나의 거울입니다. 그의 나태함을 나도 따라 하고 있지는 않은지 항상 돌아보고 고쳐 나가야 합니다. 그러나 스스로 고칠 뿐이지 다른 사람의 그러한 행위를 나무라지 않는 것이 좋습니다. 공연히 시비가 붙거나 원망하는 마음만 더할 뿐이기 때문입니다. 스스로 고치지 못하는 사람은 어차피 오래갈 수도 없고 멀리 갈 수도 없습니다.

분노하지도 성내지도 마십시오, 바람이 분다고 해서 반드시 흔들려야 하는 것은 아닙니다. 그저 지나가게 내버려 두세요. 화산암으로 쌓은 제주도의 돌담은 웬만해서는 무너지지 않습니다. 구멍이 숭숭 나 있기 때문이지요. 분노나 원망하는 마음도 숭숭 빠져나가게 두고 집착하지 않아야 합니다.

분노에 불이 붙으면 다른 사람들에게까지 불똥이 튀게 되고 팀 전체가 다 타 버릴 수 있습니다. 쉽지 않겠지만 깊이 숨을 들이마시고 한 발 떨어져서 바라보면 조금씩, 조금씩 분노의 불꽃이 꺼지고 연민의 마음이 생겨날 것입니다.

80

사람을 알고 사람을 사랑하라

樊遲問仁, 子曰, 愛人, 問知, 知人 (번지문인, 자왈, 애인, 문지, 지인)
번지가 인에 대해 묻자, 공자께서 말씀하셨다. 사람을 사랑하는 것이다. 지혜로움에
관해 묻자, 사람을 아는 것이다.

공자께서는 어질다는 것은 사람을 사랑하는 일이라고 했습니
다. 사랑한다는 것은 아끼고 위한다는 말이지요. 우리는 입버릇처
럼 사랑한다는 말을 달고 삽니다. 이익이 결부된 비즈니스에서는
쉽게 할 수 없는 말이지요. 그렇지만 네트워크 마케팅에서는 파트
너를 아끼고 위하는 일이 가능합니다. 그렇지 않으면 팀이 성장하
지 않기 때문입니다.

지혜롭다는 것은 사람을 알아본다는 말입니다. 사람을 보는 눈
은 좀처럼 뜨이지 않습니다. 사람이 중요하다고 입버릇처럼 말하
는 사람이 너무나 터무니없는 사람을 선택하는 장면을 종종 목격

하고는 합니다. 그것은 사람을 본 것이 아니라 욕심이라는 안경을 쓰고 사람을 바라봤기 때문에 욕심에 부합하는 사람에게 마음이 움직인 것입니다.

사람을 알아보는 가장 좋은 방법이면서 유일한 방법은 그의 행적을 더듬어 보는 것입니다. 그래서 이력서라는 것도 생겼고 자기소개서라는 것도 생겨난 것입니다. 그렇지만 그것만으로는 사람을 다 알 수 없습니다. 그와 관계를 맺었던 사람들에게 평판 조회를 해 보는 것도 그의 사람됨을 살피기 위한 것입니다.

어떤 사람과 함께하느냐에 따라 인생은 완전히 바뀔 수 있습니다. 주위로부터 훌륭한 사람이라는 평판을 듣는 친구가 곁에 있다면 당신 또한 훌륭한 사람일 확률이 높습니다. 반대의 사람들과 주로 어울린다면 당신 또한 그런 사람으로 비치고 있다는 것이지요. 사람을 알고 사람을 사랑하는 일, 사회생활의 전부이기도 합니다.

81

선을 넘은 충고는 충고가 아니다

子貢問友, 子曰, 忠告而善道之, 不可則止, 毋自辱焉 (자공문우, 자왈, 충고이선도지, 불
가즉지, 무자욕언)
자공이 친구에 관해서 묻자, 공자께서 말씀하셨다. 충고하여 선한 길로 이끌되, 받아
들이지 않으면 곧 그만두어 욕이 되지 않게 하라.

누군가에게 충고한다는 것은 가르치는 일보다 더 조심스럽습니
다. 충고란 상대의 잘못을 일깨우는 일이기 때문입니다. 네트워크
마케팅에서도 사업 방식을 알려 주고 조언해 주는 것은 언제든지
할 수 있지만, 사고방식이나 행동거지에 대해 조언하기는 쉽지 않
습니다.

그저 슬쩍 일러 주는 선에서 멈추어야 합니다. 받아들이면 좋은
일이지만 받아들이지 않으면 그뿐입니다. 대신 그 사람을 자신의
거울로 삼아야 합니다. 상대방의 결점만 보고 나의 결점은 보지
못한 채 충고를 한다면 주위의 모든 사람으로부터 웃음거리가 되

기에 십상입니다. 섣부른 충고와 지속적인 훈계는 다툼의 원인이
되고 자칫 팀을 와해시키는 빌미로 작용하기도 합니다.

82
게을러서는 안 된다

子路問政, 子曰, 先之勞之, 請益曰, 無倦 (자로문정, 자왈, 선지로지, 청익왈, 무권)
자로가 정치에 관해 묻자 공자께서 말씀하셨다. 솔선하고 부지런해야 한다. 자세히 말
씀해 주십시오. 게을러서는 안 된다.

정치는 결코 술수가 아닙니다. 우리는 정치적이라는 말을 술수에
능하거나 교활한 것으로 받아들이는 경향이 있습니다. 그러나 원래
의 정치, 바른 정치는 솔선수범하고 부지런하며 게으르지 않은 것
입니다. 남을 헐뜯는 일에 부지런한 것은 정치가 아닙니다.

올바른 일, 순리를 거스르지 않는 일, 사람에게 정성을 다하는 일,
약속을 지키는 일에서 정치는 시작됩니다. 그렇다면 우리는 정치적
일 필요가 있습니다. 남보다 먼저, 부지런히, 게으름 피우지 않고 일
한다면 아무리 원대한 꿈이라도 이루어지지 않을 수가 없습니다.

83

말을 했으면 실행하여 지켜라

故君子名之, 必可言也, 言之, 必可行也, 君子於其言, 無所苟而已矣 (고군자명지, 필가
언야, 언지, 필가행야, 군자어기언, 무소구이이의)
그러므로 군자가 명분이 있으면 반드시 말할 수 있고, 말을 했으면 반드시 실행해야
한다. 군자는 자신이 한 말을 구차하게 해서는 안 된다.

명분은 가치입니다. 군자는 가치 있는 일에 대해서는 분명하게
말할 수 있고 말해야 합니다. 네트워크 마케팅이야말로 가치 있고
명분 있는 사업이지요. 보통 사람들이 팀을 이루어 함께 경제적
여유를 확보하는 일이니까요. 승자가 독식하는 일이라면 어떠한
평계를 가져다 붙이더라도 명분이 있다거나 가치 있는 일이라고
말할 수는 없습니다.

모든 일은 말에서 비롯되므로 말을 함부로 하거나, 내뱉은 말을
소홀히 해서는 안 됩니다. 네트워크 마케팅은 무수한 말의 성찬으
로 만들어 가는 것입니다. 그 말들이 실현되지 않으면 거짓말이

되고 심지어는 사기가 되기도 합니다.

어떤 회사의 경영자는 사업자들의 조금 과장된 사업 설명이 거짓말이 되지 않게 하려고 온갖 노력을 기울인다고 합니다. 이것이야말로 멘토와 멘티의 관계이며, 스폰서와 파트너의 관계이며, 부모와 자식의 관계입니다. 아끼고 사랑하는 것이지요.

너무 나갈 때는 제지하지만, 조금이라도 실현 가능성이 있다면 법규를 검토하고, 회사의 역량을 살펴 되도록 실현하려고 애쓰는 것이야말로 네트워크 마케팅 기업을 경영하는 사람이 반드시 가져야 할 성품이라고 하겠습니다.

84

몸가짐이 스승이다

子曰, 其身正, 不令而行, 其身不正, 雖令不從 (자왈, 기신정, 불령이행, 기신부정, 수령부종)
공자께서 말씀하셨다. 그 몸가짐이 바르면 명령을 내리지 않아도 행하여지고, 그 몸가짐이 바르지 않으면 명령을 내려도 따르지 않는다.

지극히 당연한 이야기지요. 아무리 화려한 말솜씨를 가졌더라도 말과 행실이 어긋나 있다면 그 사람의 말은 듣는 사람의 가슴 속에 울림을 줄 수가 없습니다. 그런 사람은 말을 하면 할수록 오히려 사람들을 물러서게 합니다.

반대로 몸가짐이 바르고 겉과 속이 일치하는 스폰서라면 굳이 중언부언 이야기할 것도 없이 파트너들은 스스로 알아서 그가 행한 바를 따르게 됩니다.

호랑이는 새끼들을 결코 말로써 가르치지 않습니다. 눈빛과 행동만으로 최고의 사냥꾼으로 키워내지요. 양을 모는 개들도 마찬가지입니다. 어미의 일거수일투족이 교육이고 명령이며 조언입니다.

정말로 큰 꿈을 품었다면 몸가짐이 흐트러져서는 안 됩니다. 몸은 생각을 따라 움직입니다. 몸이 흐트러진다는 것은 정신이 흐트러졌다는 증거입니다. 당신이 머무는 곳이 바로 정신이 머무는 곳입니다. 당신은 거기 있으면서 파트너들은 다른 곳에 있기를 바라지 마세요. 그렇게 어리석은 사람은 이 세상에 없습니다.

85

절약하고 저축하라

子謂衛公子荊, 善居室, 始有, 曰 苟合矣, 少有, 苟完矣, 富有, 苟美矣 (자위위공자형,
선거실, 시유, 왈 구합의, 소유, 구완의, 부유, 구미의)
공자께서 위나라 공자 형에 대해 말씀하셨다. 그는 재산을 잘 불렸다. 처음 약간의 재
산이 생기자 말하길, 겨우 필요한 만큼 갖췄다고 했다. 좀 더 생기자, 겨우 갖출 것을
갖췄다고 했으며, 부유하게 되자, 그런대로 훌륭해졌다고 했다.

많은 사람이 왜 네트워크 마케팅을 시작하게 됐는지 잊어버리
는 경우가 많습니다. 처음에는 돈 100만 원이라도 벌어 보기 위해
일을 시작하지만, 좀 더 시간이 지나면 일을 위해 일을 하는 상황
이 발생합니다.

모든 일이 그렇지만 특히 네트워크 마케팅은 자칫하면 들어오는
돈보다 나가는 돈이 더 많아지기 쉽습니다. 끊임없이 움직여야 하
므로 교통비나 유류비가 많이 들 수밖에 없고, 매일같이 사람을 만
나기 때문에 밥값이며 찻값만 해도 일반인의 상상을 초월하지요.

네트워크 마케팅에서 성공하기 위해 가장 중요한 일 중의 하나가 돈 관리입니다. 반드시 일정액은 저축해야 합니다. 옛날에는 '좀도리 쌀독'이라는 것이 있었습니다. 쌀을 퍼서 밥을 지을 때 한 줌씩 다른 항아리에 덜어 두는 것을 말합니다.

지금이야 웬만하면 밥걱정은 하지 않고 살고 있으니 좀도리 쌀독을 가진 집은 거의 없을 것입니다. 대신 좀도리 통장은 꼭 가지고 있어야 합니다. 좀도리 통장 없이 네트워크 마케팅을 한다는 것은 밑 빠진 독에 물 붓기와 같아지기 쉽습니다.

그리고 생활이 검소해야 합니다. 명품 백을 들고 다닌다고 리쿠르팅이 더 잘되지는 않습니다. 고가의 자동차를 차고 다닌다고 저절로 돈이 생기는 것도 아닙니다. 특히 자동차는 그것을 유지하는 것도 쉬운 일이 아니라서 좀도리 쌀독 대신 자동차에 먼저 돈이 들어가야 하는 상황이 발생하게 됩니다.

내 돈이 소중한 만큼 스폰서의 돈도 소중합니다. 내가 돈을 벌기 위해 네트워크 마케팅을 선택한 것처럼 스폰서도 돈을 벌기 위해 선택했습니다. 그러므로 내가 먹은 밥값 찻값은 내가 내야 합니다. 더치페이가 생활화되지 않으면 앞으로 벌고 뒤로 밑지는 상황이 반복됩니다. 무엇보다 중요한 것은 얻어먹는 나를 본받아서 얻어먹으려는 파트너가 생긴다는 것입니다. 국어사전에서 '거지'를 찾아보세요. 남에게 빌어먹고 사는 사람이라고 나옵니다.

86

평판은 사람을 불러 모으기도 하고
내쫓기도 한다

葉公問政, 子曰, 近者說, 遠者來 (섭공문정, 자왈 근자열, 원자래)
섭공이 정치에 관해 묻자 공자께서 말씀하셨다. 가까이 있는 사람은 기뻐하고, 멀리
있는 사람들은 찾아와야 합니다.

춘추 전국 시대의 중국 사람들은 국가에 대한 소속감이 거의 없
었습니다. 어느 곳이든 마음에 드는 곳에 가서 살 수가 있었지요.
공자께서 중원의 많은 나라를 주유하며 정치에 참여할 기회를 엿
볼 수 있었던 것도 열린 사회였기 때문에 가능했습니다. 성군聖君
이 나타나면 사람들은 모여들고 폭군이 나타나면 사람들은 흩어
졌습니다.

지금 대한민국의 네트워크 마케팅 업계의 상황과 비슷하다고
해도 되겠습니다. 좋은 회사, 인격적으로 완성된 경영자, 그에 부
합하는 리더 사업자를 찾아서 오늘도 사람들은 이합집산을 거듭

하고 있습니다.

좋은 경영자를 찾는 방법은 그가 살아온 궤적을 살펴보는 것입니다. 어느 곳에서 무슨 일을, 얼마나 오래 했으며, 어떤 성과를 냈는지 살펴보면 업무적인 능력을 알 수 있습니다. 부당한 방법으로 올렸던 실적까지 능력으로 인정해 줘서는 안 됩니다.

인격을 알기 위해서는 그가 자신보다 낮은 사람, 못한 사람에게 어떻게 대하는지 보면 됩니다.

그런데 무엇보다 큰 문제는 많은 사람이 올바른 경영자나 리더 사업자를 찾지 않고 달콤한 말로 치장한 사람을 찾는다는 것입니다. 결국, 그들이 강조하는 사람은 탁월한 능력을 갖춘 올바른 인격자가 아니라 휘어지고 굽었더라도 감언이설을 늘어놓는 사람이라는 걸 알 수 있습니다. 그렇지만 그들의 관계는 오래갈 수 없습니다. 그들은 오늘도 테헤란로를 떠돌며 집시처럼 몸을 팔고 마음을 팔고 끝내 영혼까지 팔아넘기려 합니다.

가만히 귀 기울여 보면 소문은 들려오게 마련입니다. 성군의 출현을 백성들이 가장 먼저 알아차리는 것처럼, 뛰어난 경영자에 대한 소문은 사업자들이 가장 잘 알 테니까요.

경영자 또는 임직원이라면 지금의 상황을 돌아보세요. 자신의 위치를 잘 알 수 있을 겁니다. 과연 나는 가까이 있는 사람들을 기쁘게 했는지, 멀리 있는 사람들이 찾아오고 있는지. 기쁘게 할 기회조차 얻지 못했다고 말하는 사람도 있겠지요. 단 한 사람도 자신을 찾아오지 않았다면 네트워크 마케팅에 발을 들여서는 안 되는 거였습니다.

87

지름길은 없다 서두르지 말라

子夏爲莒父宰 問政, 子曰, 無欲速 無見小利, 欲速 則不達, 見小利, 則大事不成 (자하
위거보재 문정, 자왈, 무욕속 무견소리, 욕속 즉부달, 견소리, 즉대사불성)
자하가 거보의 읍장이 되어 정치에 대해 물었다. 공자께서 말씀하셨다. 서두르지 말고
작은 이득에 집착하지 마라. 서두르면 목표를 달성하기 어렵고, 작은 이익에 집착하면
큰일을 이룰 수 없다.

급할수록 돌아가라는 말이 있습니다. 급히 먹는 밥이 체한다는
말도 있습니다. 서두르면 그르친다는 뜻이지요. 좋은 회사의 리더
들은 최소 5년을 보고 사업을 하라고 가르칩니다. 덜 좋은 회사의
리더들은 5개월 이내에 승부를 내라고 가르칩니다. 좋은 회사의
리더들은 200만 원에서 300만 원의 수입도 만족스럽다고 말합니
다. 덜 좋은 회사의 리더들은 2,000만 원에서 3,000만 원의 수입
도 적다고 말합니다. 좋은 회사의 리더들은 멀리 보고 꾸준히 해
야 한다고 강조하는 반면 덜 좋은 회사의 리더들은 빨리, 많이, 오

랫동안 벌 수 있다고 강조합니다. 그러나 빨리, 많이, 오랫동안 돈을 벌었거나 벌고 있는 사람은 단 한 사람도 본 적이 없습니다.

첫 장에서 강조한 기본기의 문제로 돌아가야 합니다. 기본기를 갖추지 않은 채 말을 타면 떨어지게 돼 있습니다. 안전 장구를 갖추지 않고 가파른 암벽 등반에 나서는 것도 마찬가지입니다. 어떤 회사는 문을 열자마자 엄청난 기세를 보였지만 성장세가 꺾이자 속절없이 주저앉기 시작했고 지금도 지속해서 떨어지고 있습니다. 이 회사의 다이아몬드 중에는 제품 이름도 모르는 경우가 허다했다고 합니다. 기본을 도외시한 채 피라미드 방식으로 사업을 했던 것이지요.

빨리 번 돈으로 호화 외제 자동차를 사고, 명품 시계와 의류로 치장하고, 온갖 사치를 다 하고 다녔습니다. 지금 그들은 어떻게 돼 있을까요? 지름길인 줄 알고 달려갔는데 낭떠러지를 만난 격이지요.

소탐대실이라는 말이 있습니다. 작은 이익에 눈이 어두워 큰 것을 잃어버린다는 말입니다. 파트너 한 사람을 배치해서 얻는 소득은 기껏해야 몇천 원에서 몇만 원에 불과합니다. 그 작은 이득에 눈이 어두워 파트너들의 마음을 상하게 해서는 안 됩니다. 내가 대인이 되어야 파트너에게도 대인이 되라고 말할 수 있고 또 대인으로 키울 수 있습니다.

파트너 한 사람으로 몇십만 원, 몇백만 원의 추천 수당이 발생한다면 그 사업 자체를 한 번쯤 의심해 봐야 합니다.

네트워크 마케팅은 가장 빨리 버는 사업도 아니고, 가장 많이 버는 사업도 아니며, 다만 가장 안정적으로 오랫동안 벌 수 있도록 하는 사업입니다. 가장 오랫동안 걷는 사람이 가장 멀리 가는 것은 당연한 이치입니다. 서두르지 마세요. 가장 빠른 지름길은 지치지 않는 길입니다.

88

사람에게 정성을 다하라

樊遲問仁, 子曰, 居處恭, 執事敬, 與人忠, 雖之夷狄, 不可棄也 (번지문인, 자왈, 거처
공, 집사경, 여인충, 수지이적, 불가기야)
번지가 인에 대해 묻자 공자께서 말씀하셨다. 평소에 공손하고, 일할 때는 신중하며,
사람들과 어울릴 때는 정성을 다해야 한다. 비록 오랑캐 땅에 가더라도 버려서는 안
된다.

공자께서는 묻는 사람의 사정이나 상황에 따라 그에 맞는 답을
전달해 줬습니다. 처음 번지가 인에 대해 물었을 때는 애인愛人이
라고 했습니다. 그런데 지금은 공손한 것에서 시작합니다. 말이나
행동이 겸손하고 예의 바른 것을 공손하다고 합니다. 교만하지 않
고 도리에 어긋나지 않으며 정성스럽다는 말이지요. 이런 사람이
스폰서라면 어떨까요? 파트너라면요? 누구나 원하는 사람일 겁니
다. 그렇다면 나 또한 이런 사람이어야 어디를 가든 환영받고 새
로운 기회를 잡을 수 있지 않을까요?

발뒤꿈치를 들고는 설 수 없고 가랑이를 벌리고는 걸을 수 없다고 했습니다. 스스로 잘난 척하는 것은 곁에 있던 사람마저도 물리치는 행위입니다. 누군가 나를 알아준다면 감사한 일이지만 알아주지 않더라도 화를 내거나 스스로 떠벌려서는 안 됩니다.

일할 때는 조심조심 진행해 나가야 합니다. 성격에 따라 성큼성큼 큰 걸음으로 나아갈 수도 있지만 그런 사람에게는 좀 더 신중한 스폰서가 필요합니다. 스폰서와 파트너가 함께 용맹하다면 뒷수습이 안 돼 일을 그르칠 수 있고, 설령 목표를 달성하더라도 다툼으로 번지기 쉽습니다. 열정이 넘치는 사람일수록 마음을 가다듬고 자신을 돌아보는 시간을 가져야 합니다.

그리고 사람을 대할 때는 정성스러워야 합니다. 사람에게 정성스럽다는 것은 접대하라거나 선물을 안겨 주라는 말이 아니라 귀 기울여 들어 주라는 말입니다. 누군가와 대화를 하다가도 자신만의 생각에 빠져들 때가 있습니다. 상대방의 이야기가 길어지는 것이 원인일 때가 많습니다만 그렇더라도 최선을 다해서 들어 줘야합니다.

상대방의 이야기가 길어진다는 것은 그만큼 당신을 신뢰한다는 뜻이며 마음을 털어놓을 수 있는 사람이라는 뜻입니다. 그럼에도 불구하고 딴생각에 빠져들면 그 사람의 믿음을 저버리는 일이 될 수 있습니다. 대화라는 것이 꼭 두 사람이 같은 분량의 말을 해야하는 것은 아닙니다. 그저 끄덕여 주고, 맞장구쳐 주고, 짧게 물어주는 것만으로도 멋진 대화가 이어질 수 있습니다.

순간적인 판단 착오로 오랑캐 땅, 즉 덜 좋은 회사에 들어간다고 해도 공손하고 신중하며 정성을 다하면 작은 성공은 이루어

낼 수 있습니다. 운이 좋다면 경영자를 교화해 회사를 키울 수도 있겠지요.

실제로 이런 사례가 있습니다. 제멋대로 정책을 변경하고, 사업자들을 무시하는 발언을 서슴지 않는 경영자 아래서도 위의 덕목을 꾸준히 실천해 작으나마 조금씩 성과를 내고 성장하는 회사가 있습니다. 그렇지만 이런 사례는 지극히 드문 일입니다. 그 성과가 언제까지 지속될 수 있을지는 아무도 모릅니다.

89

자신으로 인해 다른 사람이
부끄러움을 느끼게 하지 말라

子貢問曰, 何如斯可謂之士矣, 子曰, 行己有恥, 使於四方, 不辱君命, 可謂士矣
(자공문왈, 하여사가위지사의, 자왈, 행기유치, 사어사방, 불욕군명, 가위사의)
자공이 물었다. 어떻게 하면 선비라고 할 수 있겠습니까? 공자께서 말씀하셨다. 행동
함에 부끄러움을 알고, 사방에 사신으로 파견되어 임금을 욕되게 하지 않는다면 선비
라고 할 수 있다.

후안무치厚顔無恥라는 말이 있지요. 얼굴이 두꺼워 부끄러움을
모른다는 말입니다. 손가락질의 대상이지요. 이래서는 네트워크
마케팅이 아니라 그 어떤 일을 하더라도 성과를 내기가 어렵습니
다. 부끄러움을 알아야 합니다. 공손하지 않고, 상대방에게 정성
을 다하지 않는 행위는 부끄러운 일입니다.
　참 진부한 말입니다만, 한 사람의 사업자가 그 회사의 사정을
적나라하게 보여 줄 때가 있습니다. 리더라는 사람이 칠락팔락 온
갖 허언과 만행을 거듭하면 그 부끄러움은 고스란히 파트너의 몫

으로 돌아옵니다. 사방에 악명을 날려서 그의 이름만으로도 파트너의 성장에는 제동이 걸리게 됩니다.

테헤란로에는 이러한 자칭 리더들이 무수히 많지만, 그들은 비록 이런 이야기를 들어도 자신의 이야기라는 것조차 모릅니다.

리더라는 사람이 후안무치하여 부끄러움을 모른다면 그 회사는 가망이 없습니다. 그러므로 사업자는 자신을 위해서도 회사를 위해서도 공손해야 하고 정성을 다해야 합니다. 실제로는 그렇지 않더라도 그런 척이라도 해야 회사의 격을 높일 수가 있는 것이지요. 계속 그런 척하다 보면 실제로 그렇게 되고 마는 것이 습관의 힘이기도 합니다.

90

열정은 동력이고 고집은 지구력이다

子曰, 不得中行而與之, 必也狂狷乎, 狂者進取, 狷者有所不爲也 (자왈, 부득중행이여지, 필야광견호, 광자진취, 견자유소불위야)
공자께서 말씀하셨다. 중용의 도를 좇는 사람을 사귀지 못한다면, 차라리 열정적인 사람이나 고집쟁이와 사귀겠다. 열정적인 사람은 진취적이며, 고집쟁이는 함부로 타협하지 않기 때문이다.

중용의 도를 지키거나 지키려는 사람은 찾아보기 어렵습니다. 아무리 중용을 강조하던 시대였더라도 공자가 살던 때에도 그런 사람은 드물었던 모양이네요. 그런 사람이 없다면 차라리 열정적이거나 고집스러운 사람이 낫다고 판단했습니다.

열정이야말로 네트워크 마케팅에서 성공의 문을 여는 만능 키이지요. 열정은 동력입니다. 아무리 작은 조직이라도 열정이 없으면 움직이지 않고, 아무리 큰 조직이라도 열정만 충만하다면 일사불란하게 움직입니다.

또한 공자께서는 차라리 고집쟁이를 사귀겠다고 했습니다. 고집이 세다는 것은 사소한 유혹에 흔들리지 않고 오래도록 지속할 수 있는 의지가 강하다는 말입니다. 네트워크 마케팅에서 성공한 거의 모든 사람은 고집쟁이입니다. 오랫동안 한곳에서 움직이지 않았습니다. 한 방울 한 방울씩 떨어지는 빗물을 받아 거대한 호수를 만들고, 그 호수가 바다가 될 때까지 한자리를 지킨 사람들입니다.

당신의 열정과 고집을 성공으로 이끌어 줄 수 있는 사람을 만나야 합니다.

91

화합하면 살고 부화뇌동하면 죽는다

子曰, 君子和而不同, 小人同而不和 (자왈, 군자화이부동, 소인동이불화)
공자께서 말씀하셨다. 군자는 화합하되 뇌동하지 않으며, 소인은 뇌동하되 화합하지
않는다.

군자가 화합한다는 말은 상대방의 의견이 나와 다르더라도 존
중하면서 합의점을 찾아낸다는 말입니다. 하지만 소인은 이익을
위해 줏대 없이 상대방의 의견을 따르는 척합니다.

팀이 성장하면 어쩔 수 없이 불화를 겪을 수밖에 없습니다. 발
생한 불화를 얼마나 조화롭게 조율하느냐는 오롯이 리더의 몫입
니다. 자신의 이익을 먼저 생각해서는 조화를 끌어낼 수 없습니
다. 한 발씩 양보한다는 말이 바로 그것이지요.

위기 없이 이어지는 영광은 없습니다. 한 번도 위기를 겪지 않
았다면 바로 내일 위기가 찾아올 수 있습니다. 위기일수록 경영자

와 리더 사업자의 진면목은 드러나게 됩니다. 어떤 회사의 리더 사업자는 코로나19 때문에 사람들을 만날 수가 없다며 스스로 손을 들고 말았습니다.

반대로 어떤 회사의 리더 사업자는 아프리카TV나 카카오톡, 블로그 등등을 적극적으로 활용해 오히려 성장의 기회로 삼았습니다. 그 회사의 경영진 역시 그들에게 힘을 실어 주면서 화답한 결과입니다. 이것이 바로 경영진과 사업자 사이의 조화이며 화이부동입니다.

반면 뚜렷한 이유 없이 또는 자신의 사사로운 이익을 얻기 위해 조직을 선동하고, 동조하지 않는 사람을 모함해 집단행동에 나서는 것은 동이불화입니다. 자신의 신념을 지킬 줄 아는 고집이 없으면 팔랑귀가 되기 쉽고 세상의 모든 팔랑귀가 그렇듯이 행동과 처신 역시 가벼워질 수밖에 없습니다.

92

훌륭한 리더는 함께 일하기는 쉽지만
함께 놀기는 쉽지 않다

子曰, 君子易事, 而難說也, 說之不以道, 不說也, 及其使人也, 器之, 小人亂事 而易說
也, 說之雖不以道 說也, 及其使人也, 求備焉 (자왈, 군자이사, 이난열야, 열지불이도,
불열야, 급기사인야, 기지, 소인난사 이이열야, 열지수불이도, 열야, 급기사인야, 구비언)
군자는 섬기기는 쉽지만, 기쁘게 하기는 어렵다. 기쁘게 하려 해도 도에 맞지 않으면
기쁘지 않기 때문이다. 군자가 사람을 부릴 때는 각자의 기량에 맞춰 쓴다. 소인은
섬기기는 어렵지만 기쁘게 하기는 쉽다. 비록 도에 합당하지 않더라도 기뻐하기 때문
이다. 소인이 사람을 부릴 때는 모든 능력을 다 갖추기를 요구한다.

훌륭한 리더와는 일하기는 쉽지만, 사적으로 기쁘게 하는 것은
어렵습니다. 도리에 어긋나는 일이라면 기뻐하지 않기 때문입니
다. 훌륭한 리더는 사람을 부릴 때 각자의 능력에 맞춰 적재적소
에 배치함으로써 효율성을 높일 줄 압니다.

반대로 저급한 리더와는 일하기는 너무 힘들지만, 같이 놀기는
아주 쉽습니다. 도리에 합당하지 않더라도 그의 기분만 맞춰 주면
되기 때문입니다. 그는 사람의 능력을 알아보는 눈이 없기 때문에

아무 데나 배치하고 모든 일을 다 해내기를 바랍니다.

가끔 회사를 옮기고 싶다며 하소연하는 임직원을 만날 때가 있습니다. 이직을 원하는 이유는 열이면 열, 소인인 경영자 때문입니다. 팀도 직책도 상관없이 온갖 일을 다 떠맡기는 통에 회사에만 나가면 자존감이 바닥으로 떨어진다고 합니다.

소인일수록 자신의 기분에 따라 일을 처리합니다. 감정의 기복이 심해 아침에 결정한 사안을 저녁에 뒤집는 일도 허다합니다. 결정 장애도 함께 가지고 있어서 과단성 있게 집행하지 못하고 차일피일 미루다 마감 시한이 임박해서야 마지못해 결정을 내려 동료들을 곤란하게 만들기도 하지요.

리더의 가장 큰 덕목 중의 하나는 위임이라고 합니다. 일을 맡긴다는 뜻입니다. 《자치통감》이라는 책에 '의즉물임 임즉물의疑則勿任任則勿疑'이라는 말이 나옵니다. '의심스러우면 맡기지 말고, 맡겼으면 의심하지 말라'는 뜻입니다. 맡겨 놓고도 진득하게 기다리지 못하고 안절부절못할 바에는 차라리 맡기지 말아야지요.

반대로 어떤 회사의 임직원은 월급을 받기가 미안할 정도로 아무 일도 하지 않는 것 같은 데 회사가 잘 돌아간다고 합니다.

무위이무불위無爲而無不爲라는 말이 있습니다. '함이 없지만, 하지 못하는 것이 없다'는 말입니다. 아무것도 하지 않는 것 같은데 모든 일을 해낼 줄 아는 경지입니다. 평범한 사람이라면 무슨 말인지 도무지 이해가 가지 않을 것입니다. 능력 있는 리더는 순리대로, 흐르는 강물 위에서 노를 젓듯이 편안하게 일을 해냅니다. 그렇지만 온갖 잡기를 동원해서도 그를 기쁘게 하기는 어렵습니다.

93

마음보를 키워라

子曰, 君子泰而不驕, 小人驕而不泰 (자왈 군자태이불교, 소인교이불태)
공자께서 말씀하셨다. 군자는 너그럽고 겸손하지만, 소인은 교만하고 옹졸하다.

모든 사람에게 너그러워야 합니다. 아주 가끔 일침을 가해 주의
를 환기해야 할 때가 있지만, 그 외에는 늘 한결같아야 합니다. 자
신을 낮출 줄 아는 너그러운 사람에게는 더 많은 사람이 모여들
게 돼 있습니다. 그것이 바로 군자입니다.

너그럽다는 말은 포용한다는 말입니다. 받아 주고 감싸 주는 것
이 포용이면서 너그러움입니다. 네트워크 마케팅은 온갖 부류의
인간 군상이 함께 모이는 곳입니다. 난생처음 겪어 보는 인간형도
부지기수입니다. 당연히 당황스러울 테지만 우선 받아 줘야 합니
다. 사소한 실수나 잘못에 대해서는 너그러워야 합니다. 그래서
최고 직급에 오르고 나면 저절로 도가 튼다고들 하지요.

하지만 소인은 잘난 척 으스대기를 좋아하고, 이 세상에서 자신의 통이 제일 큰 것처럼 굴지만, 실상은 옹졸합니다. 큰 그림을 보지 못하기 때문에 사소한 실수에 분노하여 인격적으로 상처를 내는 일이 많습니다. 타인의 성과를 자신의 것인 것처럼 포장하고도 부끄러움을 모릅니다. 심지어는 성과가 좋은 부하 직원이나 파트너를 밀어내고 그 실적을 가로채기도 합니다. 가장 치명적인 소인이라면 형제 라인 사업자를 꼬드겨 자신의 산하로 데려오는 사람입니다. 이런 사람이야말로 아군에게 총질하는 것과 진배없지요.

네트워크 마케팅은 회사를 위한 일도 아니고 스폰서를 위한 일도 아닙니다. 오로지 나를 위한 사업입니다. 회사도 스폰서도 안내하고 조언할 수는 있지만, 시시콜콜 간섭해서는 안 됩니다. 사업자 리더가 회사 임직원으로부터 지시받는 것을 마뜩잖아 하는 것처럼 파트너 역시 스폰서의 일방적인 지시에는 거부감을 느낍니다.

물 흐르듯이, 순리대로 팀을 이끌어야 합니다. 아무리 용을 써도 급류를 거스를 수는 없습니다. 형국을 읽고 그 흐름을 탈 수 있는 능력이 바로 지혜입니다.

94
선한 스폰서를 찾아라

子曰, 善人教民七年, 亦可以卽戎矣 (자왈, 선인교민칠년, 역가이즉융의)
공자께서 말씀하셨다. 선한 사람이 백성을 7년 가르치면, 또한 전쟁에라도 내보낼 수 있다.

옛날에는 직업군인이 거의 없었습니다. 농사를 짓다가 전쟁이 일어나면 창칼을 잡고 군인으로 변신했습니다. 참 고단한 삶이었을 겁니다. 네트워크 마케팅을 인용해 말하자면 부업자인 셈입니다. 당연히 무과에 급제한 하사관 이상 장교들의 능력에는 미치지 못했겠지요. 그렇지만 선한 사람이 7년을 가르친다면 농사꾼들까지도 직업군인에 필적하는 전투력을 가질 수 있다는 말입니다.

중요한 것은 선한 사람입니다. 네트워크 마케팅에서 성공하기 위한 가장 중요한 요소 중의 하나가 선한 스폰서입니다. 자신이 직급을 가겠다고, 그 위의 스폰서가 직급을 가려 한다는 이유로 사재기를 종용한다면 그는 스폰서가 아니라 나와 가정의 경제를 파탄으로 몰고 가는 도적입니다. 사이가 좋고 형편이 웬만할 때는 당연히 스폰서의 성장을 물심양면으로 돕는 것이 당연한 일이라고 생각하겠지만, 사이가 틀어지고 경제적으로 곤궁한 지경에 이르면 원망하는 마음밖에 남지 않습니다. 지금 당신의 스폰서가 그런 사람이라면 당장 인연을 끊어야 합니다.

선한 스폰서와 함께 7년간 사업을 이어 간다면 성공할 수 있습니다. 각자가 원하는 성공의 크기가 다를 것이므로 일반화하기는 어렵지만, 어느 정도 경제적인 여유를 마련할 수 있습니다. 7년간 일곱 회사가 아니라 한 회사에서 7년이라는 사실이 포인트입니다.

95
매출보다 교육 우선

子曰, 以不敎民戰, 是謂棄之 (자왈, 이불교민전, 시위기지)
공자께서 말씀하셨다. 백성을 가르치지 않고 전쟁에 내보내는 것은, 이들을 버리는 것
이다.

앞의 이야기에서 이어집니다. 파트너를 가르치지 않고 실적을
내라고 종용하는 것은 이들과 사업하지 않겠다는 말입니다. 어쩌
다 사인하자마자 놀라운 판매고를 기록하는 사람이 있습니다. 그
러나 그런 사람일수록 일찍 포기하는 경우가 허다합니다. 그들의
열정은 존중하고 길러 주되 회사와 제품과 보상 플랜에 대한 것
을 적절한 시기에 알려 줘서 숙지하도록 해야 합니다.

단거리 선수를 마라톤 선수로 탈바꿈시키는 것은 쉬운 일이 아
닙니다. 7년을 가르치고 배워야 비로소 전쟁다운 전쟁을 해 볼 수
있습니다. 그렇지 않은 상황에서 깐깐한 소비자나 비뚤어진 경험

자를 만나 몇 번 패배하고 나면 그 사람은 집으로 철수하게 됩니다.

그렇기 때문에 네트워크 마케팅은 교육 사업이라고 합니다. 늘 가르치고 배우는 일이 반복되면서 시스템이 확립되고 문화가 형성됩니다. 평범하던 청년이 훈련소를 거쳐, 자대 교육을 받고, 특수전 교육을 이수하면 살인 병기가 될 수도 있습니다. 체계는 곧 순리입니다. 가장 적절한 시기에 가장 적절한 수준의 교육을 제공하는 것이 네트워크 마케팅에서 성공하는 방법입니다.

회사에 대해서, 제품에 대해서, 보상 플랜에 대해서 다 알기도 전에 명단 작성부터 요구하는 것은 좀 무리한 진행입니다. 가르쳐 주고, 익히게 하고 난 다음에 명단을 찾아 나가도 늦지 않습니다.

96

빗나간 욕망을 버려라

克伐怨欲, 不行焉, 可以謂仁矣, 子曰, 可以爲難矣 (극벌원욕, 불행언, 가이위인의, 자왈, 가이위난의)
극벌원욕을 행하지 않으면 어질다 할 수 있겠습니까? 공자께서 말씀하셨다. 그렇게 하기는 어려운 일이다.

인간의 본성에 내재된 네 가지 악덕이 극벌원욕克伐怨欲입니다.

극克이란 지나친 승부욕입니다. 심심풀이 고스톱판에서 싸움이 나고 살인이 나는 것이 바로 극이라는 악덕 때문입니다. 이런 사람들과는 어떤 놀이를 하더라도 피곤해지지요. 골프나 당구나 탁구를 해도 기필코 이기려 들기 때문입니다.

벌伐은 스스로 자랑하고 잘난 척하는 일입니다. 세상에서 가장 듣기 싫은 것이 자화자찬이지요. 특히 '라떼는 말이야'로 시작되는 꼰대들의 제 자랑은 지긋지긋하다 못해 역겹다고 젊은 사람들은 이야기합니다. 안타깝지만 그 라떼는 이미 식어 버렸고 아무도 관심 두지 않습니다.

어떤 리더 사업자 중에는 강의 시간의 절반 이상을 제 자랑, 배우자 자랑, 자식 자랑으로 채우기도 합니다. 모든 사람의 시간은 소중합니다. 그 사람의 자기 자랑을 듣기 위해 강의장에 모인 사람은 없습니다. 이기주의의 극치라고 할 만합니다.

원怨은 원망하는 마음입니다. 핑계를 대고 탓하는 것이지요. 회사 때문에, 스폰서 때문에, 파트너 때문에 사업에 진척이 없는 거로 생각하는 사람이라면 원망 지옥에 갇혀 있을 확률이 높습니다. 모든 잘못된 일은 내 탓입니다. 실수와 과오를 기꺼이 인정하고 받아들이지 않으면 앞으로 나아갈 수가 없습니다. 인정하고 받아들임으로써 그 일은 없었던 것이 되고, 그 과정에서 생겨난 교훈은 지혜로 쌓입니다.

욕欲은 욕심입니다. 욕慾이라고도 합니다. 이때의 慾은 욕망을 뜻합니다. 과욕은 반드시 일을 그르치게 돼 있습니다. 사양하고 양보할 줄 알아야 합니다.

또한 욕망을 절제할 줄 알아야 합니다. 적어도 욕망을 드러내는 장소라도 구별할 줄 알아야 합니다. 욕망을 절제하지 못하는 바람에 성공의 문턱에 걸려 넘어지는 사람이 부지기수입니다. 특히 팀원을 대상으로 한 육욕은 자신과 상대방뿐만 아니라 전체 팀을 흔들어 와해하기도 합니다.

욕심을 가지더라도 거대한 욕심을 가져야 합니다. 전 세계를 제패하겠다는 욕심, 팀원 모두를 거부巨富로 만들겠다는 욕심을 가져야 합니다. 고작 자신의 지갑이나 채우고 성욕이나 채우겠다는 생각에 머물러 있다면 문턱에서 걸려 넘어지기 쉽습니다.

어떠한 성공의 문도 쉽사리 열리지는 않습니다. 문고리가 빠질 수도 있고, 열쇠를 잃어버릴 수도 있습니다. 매사에 신중해야 합니다. 성공에 가까워졌다고 느껴질수록 살얼음을 밟듯이 생각도 행동도 조심스러워야 합니다.

공자께서 대답한 것처럼 쉽지만은 않을 것입니다. 그 어려움을 넘어선 곳에 진정한 성공이 있습니다.

97

말에도 속지 말고 용기에도 속지 말라

子曰, 有德者必有言, 有言者不必有德, 仁者必有勇, 勇者不必有仁 (자왈, 유덕자필유언, 유언자불필유덕, 인자필유용, 용자불필유인)
공자께서 말씀하셨다. 덕이 있는 사람은 반드시 올바른 말을 하지만, 올바른 말을 한다고 해서 반드시 덕이 있는 것은 아니다. 어진 사람은 반드시 용기가 있지만, 용기 있는 사람이라고 해서 반드시 어진 것은 아니다.

옳은 말을 하는 사람이 반드시 덕이 있다고 한다면 테헤란로는 덕이 흘러넘치는 거리일 것입니다. 말을 하기는 쉬워도 그것을 행동으로 드러내는 것은 어렵습니다. 말과 행동이 일치하고, 말로 한 약속이라도 끝까지 지키는 것이 신의입니다.

공자 시대에도 그런 사람이 드물었으므로 거듭거듭 강조하는 것이겠지요. 옳은 행동을 먼저 하고 나중에 말이 따른다면 그는 신뢰할 수 있는 사람이며 후덕한 사람이라고 하겠습니다.

인자는 반드시 용기가 있습니다. 자신이 추구하는 바를 지키고 행동해 나가자면 용기가 없이는 불가능합니다. 올바른 일에 뛰어드는 것도 용기지만 옳지 않은 일에 대한 권유를 뿌리치는 것도 용기입니다. 그러므로 어진 사람은 당연히 용기가 충만하겠지요.

그렇다고 해서 용기 있는 사람이 모두 어질지는 않습니다. 그른 일에 덤벼드는 용기는 용기가 아니라 만용입니다. 벌과 나비는 꽃 향기에 이끌리지만, 불나방은 자신을 태워 버릴 불꽃에 이끌립니다. 불꽃을 향해 덤벼드는 나방들을 용기 있는 자라고 할 수는 없습니다.

98

착하게 살고 싶다면 먼저 부자가 되라

子曰, 貧而無怨難, 富而無驕易 (자왈, 빈이무원난, 부이무교이)
공자께서 말씀하셨다. 가난하면서 남을 원망하지 않기는 어렵지만, 부유하면서도 교
만하지 않기는 쉽다.

가난한 사람들은 원망할 대상이 많습니다. 가난할수록 주위 사
람들에게 기대하고 바라는 것이 많기 때문입니다. 그들은 원칙보
다는 인정과 선의에 호소하고, 일하기보다는 행운에 매달립니다.
투정이 받아들여지지 않는 것도 그들에게는 원망거리이며, 행운
을 잡지 못하는 것도 원망거리입니다. 가난하면 하고 싶은 일을
하지 못하고 그것은 다시 더 큰 원망으로 뭉쳐집니다. 부자들은
모두 돈 때문에 불행해져야 할 것 같은데 너무나 행복하게 잘 사
는 것도 가난한 사람에게는 세상이 원망스러운 이유가 됩니다.
　반면 부유하면서도 교만하지 않은 사람은 많습니다. 그들은 언

제나 마음속에 여유가 넘치므로 다른 사람에게 공손할 수 있고 겸손할 수 있습니다. 부자들 중에는 굳이 나서서 구설에 오르지 않고 있는 듯 없는 듯 조용하게 살아가는 사람이 많습니다.

부자가 부를 유지하기도 쉽지 않은 일이지만 가난한 사람이 부자가 되기는 더 어렵습니다. 가난한 사람은 부자가 부를 유지하는 것보다 더 많은 노력을 기울여야 부자가 될 수 있습니다. 부자가 되기를 원한다면 원망하는 대신 부자가 지나간 길을 따라갈 수 있어야 합니다.

하지만 그 길은 한 번도 경험하지 못한 고통을 동반할 수도 있습니다. 한 번도 경험하지 못했던 부자가 되자니 당연한 일입니다. 정말로 처참하게 깨질 때도 있을 것이며, 차라리 가난한 생활로 되돌아가고 싶어지는 순간도 있을 것입니다. 얼마 동안은 고통스럽겠지만 그 긴 고통의 강을 다 건너고 나면 푸른 파도가 넘실대는 바다를 만날 수 있습니다.

아무도 가 보지 못한 유토피아에 관한 이야기가 아닙니다. 수많은 회사에서 꽤 많은 사람들이 지나갔던 길에 관한 이야기입니다.

99

아는 척하기 위해 배우지 말고
스스로를 높이기 위해 배우라

子曰, 古之學者爲己, 今之學者爲人 (자왈, 고지학자위기, 금지학자위인)
공자께서 말씀하셨다. 옛날에는 자기 자신을 위해 배웠지만, 지금은 남의 이목 때문에
배운다.

알 듯 말 듯 한 말입니다. 옛날 사람들은 자신의 행동거지를 바르게 하고, 마음을 다스리며, 스스로 발전을 위해 배웠습니다. 그러나 요즘 사람들은 얄팍하게 배워 빨리 써먹기 위해 배웁니다. 취업에 도움이 되지 않으면 실용적이지 않다며 배우려고 들지 않습니다. 기원전 500년경에도 그러한 풍조가 만연했었군요.

네트워크 마케팅은 경제활동이면서도 유독 독서를 강조합니다. 어떤 사람들은 독서를 통해 새로운 꿈을 찾아내고 분발하는 계기로 삼습니다. 그러나 어떤 사람들은 자신을 개선하고 고양하기보다는 강의 내용에 끼워 넣고, 파트너들에게 들려주려는 목적만으

로 책을 읽고 밑줄을 긋습니다. 배우고 익혀 실천한 내용이라면 당연히 전수해야 하지만 오로지 말을 하기 위해 읽고 외운 내용이라면 듣는 사람에게 감동을 주기가 어렵습니다.

그로 인해 생긴 말이 명강사는 성공하지 못한다는 것입니다. 말을 잘하기 위해서만 정성을 기울이다 보니 행동하는 데에는 게으를 수밖에 없었기 때문입니다. 진정한 명강사는 배우고 익힌 내용을 바탕으로 성공 스토리를 들려줄 수 있을 만큼 성취한 사람입니다. 자기 자신을 위해 배운다는 것은 행동하기 위해 배운다는 말입니다.

100

능력 있는 사업자일수록
엄격한 교육이 필요하다

子曰, 驥不稱其力, 稱其德也 (자왈, 기불칭기력, 칭기덕야)
공자께서 말씀하셨다. 천리마는 그 힘으로 칭찬받지 않고, 조련이 잘된 덕으로 칭찬받
는다.

천리마는 하루에 천 리를 달릴 수 있는 말입니다. 말을 타고 전
장을 누비는 장수라면 누구나 탐낼 만한 말이지요. 그러나 조련이
안 된 천리마라면 전장에 도달하기도 전에 기수를 떨어뜨려 낭패
를 보게 할 것입니다.

단 하루 만에 엄청난 매출을 올릴 수 있는 사업자라도 제대로
교육받지 않아 선과 악을 구분하지 못한다면 그 능력을 범죄에
악용하기 쉽습니다. 불법적인 업체들이 상상하기 힘든 매출을 올
리고 수많은 피해자를 양산하는 것이 바로 조련되지 않은 천리마
가 있는 힘껏 내달렸기 때문입니다.

말을 타는 사람에게도 문제가 있겠지요. 느리고 허약하더라도 자신이 다룰 수 있는 수준의 말을 타야 함에도 빨리 달리고 싶은 마음에 통제 불능의 말을 선택하는 바람에 말도 기수도 다치게 되는 것입니다.

교육과 조련은 말도 사람도 유연하고 부드럽게 만듭니다. 체력이 고갈될 때까지 무조건 내달리지 않고 기수가 원하는 속도로, 기수가 원하는 곳까지 안정적으로 달릴 수 있게 합니다.

능력이 뛰어난 말일수록 쉽사리 마음을 열지 않기 때문에 조련하기는 더 어렵습니다. 야생의 천리마를 전장을 누비는 명마로 만들기 위해서는 그만한 정성과 시간이 함께 들어야 합니다. 기수 역시 천리마와 함께 천 리를 달리자면 그만한 기량과 체력과 인내심이 있어야 합니다. 말과 기수의 팀워크가 좋아야 한다는 말입니다.

가능성이 더 큰 파트너일수록 더 엄격한 교육이 필요하고, 끊임없는 수련이 필요한 까닭이 바로 이 때문입니다.

101

성공한 사람이 있다는 것은
길이 있다는 증거다

子路宿於石門, 晨門曰, 奚自 子路曰, 自孔氏, 曰 是知其不可, 而爲之者也
(자로숙어석문, 신문왈, 해자, 자로왈, 자공씨, 왈 시지기불가, 이위지자야)
자로가 석문에서 잤다. 문지기가 물었다. 어디서 왔소? 자로가 말했다. 공씨 가문에서
왔소. 문지기 말하길, 안 된다는 것을 알면서도 하려 드는 사람들이군.

공자 가문의 사람들과 일반인들의 인식 차이를 잘 보여 주고 있습니다. 공자가 꿈꿨던 인의예지신仁義禮智信이 충만한 사회는 실현 불가능한 이상향처럼 보였을 것입니다. 모든 사람이 그만한 덕성을 갖출 수는 없다는 걸 다들 알고 있었을 테니까요. 하지만 공자를 비롯한 3,000여 명의 제자는 공자가 지향하는 이상향을 믿고 따랐습니다.

공자가 신봉했던 믿음은 동양 세계 전체를 유교 문화라는 범주로 묶었으니 결국 공자는 꿈을 이룬 것이라고 해도 틀린 말은 아닐 것입니다.

어떤 사람들은 네트워크 마케팅이 그저 이상에 불과할 뿐이라고 말합니다. 팀 전체가 경제적으로 여유로워지기는 쉽지 않을 거로 생각하는 것은 대한민국 인구의 20%에 가까운 약 840만 명이 활동하면서 해마다 5조 원 이상의 시장을 형성하고 있다는 사실을 모르기 때문입니다. 안 된다는 걸 알면서도 하려는 사람들이라고 비아냥댔던 문지기가 생각나는 말이지요.

30년이라는 세월이 지나는 동안 네트워크 마케팅을 통해 유통되는 제품은 더 다양해지고 품질은 더 좋아졌습니다. 좋은 제품을 비교적 저렴한 가격에 구매할 수 있다는 것만으로도 소비자에게는 이득입니다. 소비자의 이득을 통해 사업자도 이득을 보고, 생산자마저 이득을 본다면 이것이 바로 윈윈이며 상생입니다.

102

분명히 고비가 온다

在陳絶糧, 從者病, 莫能興, 子路慍見曰, 君子亦有窮乎, 子曰, 君子固窮, 小人窮斯濫
矣 (재진절량, 종자병, 막능흥, 자로온견왈, 군자역유궁호, 자왈, 군자고궁, 소인궁사람의)
진나라에서 양식이 떨어져 따르던 사람들이 병이 나 일어나지 못했다. 자로가 화가 나
서 공자를 뵙고 말했다. 군자는 이렇게 쪼들려야만 합니까? 공자께서 말씀하셨다. 군
자는 쪼들리게 마련이지만, 소인은 쪼들리면 함부로 행동하게 된다.

다시 공자와 자로가 티격태격합니다. 앞에서는 여자 문제였고,
지금은 굶주림이 문제입니다.

인류가 겪는 대부분의 문제도 식食과 색色이 결부된 것이지요.

정상으로 가는 길은 멀고도 험합니다. 가다 보면 어렵고 힘들고
고통받는 날들을 반드시 겪게 됩니다. 어떤 사람은 사소한 고통에
도 굴복해 대열을 이탈하고 말지만, 어떤 사람은 아무리 거대한
고통이 몰려와도 굴복하지 않고 목표 지점에 도달하고야 맙니다.

제자들은 모두 공자 앞에서는 공손하고 삼갔지만, 자로는 할 말

은 했지요. 그렇지만 결코 공자를 떠나지 않았습니다. 공자 또한 자로가 껄끄러운 상대였지만 내치지 않고 그가 비명횡사할 때까지 곁을 내주었습니다.

《논어》에서 가장 재미있는 장면입니다. 양식은 떨어지고, 배는 고파 죽을 지경인데 군자가 다 무슨 소용이냐며 스승에게 대드는 자로나, 배고프다고 떼쓰는 것은 소인이나 하는 짓이라며 나무라는 공자나 인간미가 물씬 느껴집니다.

먼 길을 함께 가다 보면 크고 작은 다툼이 생길 수밖에 없습니다. 다투고 화해하는 일을 반복하다 보면 정도 생기고 팀워크도 견고해지는 법이지요. 전우애라고 해도 좋겠습니다. 전우는 어떠한 어려움 속에서도 전우를 내팽개치고 도망가지 않습니다. 자로와 공자도 얼마간 껄끄러운 사이였겠습니다만 이런저런 위기를 슬기롭게 넘기고 최후까지 함께했습니다.

네트워크 마케팅을 해 나가다 보면 정말이지 절망적인 상황과 맞닥뜨릴 때가 있습니다. 한 레그가 통째로 날아가 버리거나, 생각 밖으로 사업이 더뎌질 때 자로와 같은 심정에 사로잡히기 쉽습니다. 생계가 달린 문제라면 정말 심각한 상황이지요. 보통 사람이라면 이러한 상황을 극복하기가 쉽지 않습니다.

신께서는 언제나 크게 키우고자 할 때 그에 상응하는 고통으로 단련시킨다고 하지요. 지옥 훈련을 견디고 이겨내야 특수 부대원이 될 수 있습니다. 특별한 자리에 오르기 위해서는 특별한 과정을 거쳐야 한다는 사실은 인정하면서, 자신에게 주어진 특별한 고통에 좌절해 집으로 돌아간다면 그 사람의 그 이후의 삶은 어떻게 펼쳐지게 될까요?

103

말에는 진심을 담고
독실한 경건함으로 매진하라

子張問行, 子曰, 言忠信, 行篤敬, 雖蠻貊之邦, 行矣, 言不忠信, 行不篤敬, 雖州里, 行乎哉 (자장문행, 자왈, 언충신, 행독경, 수만맥지방, 행의, 언불충신, 행부독경, 수주리, 행호재)

자장이 뜻을 세워 이루는 것에 대해 묻자, 공자께서 말씀하셨다. 말에는 진심을 담고 행동에는 독실한 경건함이 있다면, 비록 오랑캐의 나라일지라도 뜻을 세워 이룰 수 있다. 그러나 말에 진심을 담지 않고 행동에도 독실한 경건함이 없다면, 비록 자기 동네라고 해도 뜻을 세워 이룰 수 있겠느냐?

자장이 꿈과 목표를 이루는 것에 대해 공자에게 물었습니다. 그것을 이루는 방법은 2500년 전이나 지금이나 크게 달라진 것이 없습니다. 진심을 담은 말과 경건하고 독실한 행동이면 됩니다. 경건하다는 것은 공경하며 삼가고 엄숙하다는 뜻이고, 독실하다는 것은 믿음이 두텁고 성실하다는 말입니다.

내가 세운 꿈과 목표를 반드시 달성할 수 있다고 확고하게 믿는 것에서 성공은 시작됩니다. 그리고 진실을 전달하는 것에 게으르지 않다면 머잖아 목표를 이루고 꿈에 도달하게 된다는 것이지요.

이렇게만 할 수 있다면 비록 몸담은 곳이 불법 업체거나 어질지 못한 회사라고 해도 목표를 달성할 수가 있을 것입니다. 다만 그러한 회사에서는 사업자의 성공을 달가워하지 않는 무리들이 상존하고 있으므로 그 영광을 오래 지속할 수는 없을 것입니다.

진리는 언제나 쉽고 간결하면서 명쾌하기까지 합니다.

104

말은 해도 손해 안 해도 손해

子曰, 可與言而不與之言, 失人, 不可與言而與之言, 失言, 知者, 不失人, 亦不失言
(자왈, 가여언이불여지언, 실인, 불가여언이여지언, 실언, 지자, 불실인, 역불실언)
공자께서 말씀하셨다. 더불어 말할 수 있는 사람과 말하지 않으면 그 사람을 잃는 것
이고, 더불어 말할 수 없는 사람과 말을 하면 그 말을 잃게 된다. 지혜로운 사람은 사
람을 잃지도 않고, 또한 말을 잃지도 않는다.

더불어 말을 한다는 것은 생각을 교환한다는 말입니다. 상대방
의 생각과 나의 생각을 교환하는 과정에서 조율이 일어납니다. 조
율이라는 것은 서로 다르게 생각하는 부분을 맞춰 가는 것입니다.

네트워크 마케팅에서는 스폰서와의 상담이 가장 중요합니다.
유능한 스폰서라면 파트너의 상황을 잘 살펴 가장 적절한 시기에
파트너와 대화를 나누면서 나아갈 길을 제시해 주고, 지나온 길은
격려하면서 지치지 않도록 돌봐 줄 줄 압니다.

네트워크 마케팅은 수시로 벽에 부딪히고 하루에도 몇 번씩 그

만두고 싶은 유혹에 시달리기도 합니다. 이 시기를 놓치면 아무리 경험 많은 스폰서라고 해도 그만둬 버린 파트너의 마음을 돌이키기가 쉽지 않습니다.

반면 아무리 일러 줘도 자신만의 세계에서 벗어나지 못하는 사람도 있습니다. 그럴 때는 섣불리 말을 걸기보다는 기다려 줄 줄 알아야 합니다. 하다가 하다가 지치면 알아서 물어 올 것이기 때문입니다. 이런 사람에게는 미리 알려 주고 안내해 봤자 한쪽 귀로 듣고 한쪽 귀로 흘려버리기 때문에 말이라는 게 무의미해집니다.

끝내 돌아오지 않을 사람에게 미련을 두는 것은, 자신까지 함께 미련해지는 짓입니다. 말귀를 알아먹지 못하는 사람은 일러 준다고 해서 해결되지 않습니다. 말을 해 줘야 할 사람과 말을 아껴야 할 사람을 구분하는 것도 스폰서의 능력 중 하나입니다. 파트너를 성장시킨다는 것은 이래서 어려운 일입니다.

105

꿈이 클수록 근심은 작아진다

子曰, 人無遠慮, 必有近憂 (자왈, 인무원려 필유근우)
공자께서 말씀하셨다. 사람이 멀리 생각지 않으면, 반드시 가까운 곳에 걱정거리가 있다.

누구라도 한 번쯤은 들어 본 말일 것입니다. 서예 작품으로도 자주 제작되기 때문에 알지 못하는 사이에 식당 등지에서 스쳐 지났을 수도 있습니다.

큰 뜻을 세우지 않으면 주위의 사소한 일에도 신경을 곤두세우고 근심 걱정에 빠져든다는 말입니다. 서울에서 부산까지 가려는 사람은 아무리 길이 막혀도 참고 견디면서 시간에 상관없이 운전대를 잡고 있습니다. 설령 자동차가 고장이 나더라도 고쳐 가면서 재차 길을 재촉합니다.

그러나 목적지 없이 차를 몰고 나간 사람은 골목길만 막혀도 집으로 돌아가게 됩니다. 그렇기 때문에 네트워크 마케팅은 꿈과 목표를 세우는 것에서부터 시작됩니다. 꿈이 클수록, 목표가 원대할 수록 고통을 느끼는 강도는 약해집니다.

네트워크 마케팅은 빨리 가는 사업이 아니라 끝까지 가는 사업입니다. 꿈을 크게 가져가야 깨져도 조각이 크다고들 하지요. 좋은 말입니다만 꿈이 깨질 거라는 생각은 스스로 한계를 긋는 일입니다. 꿈은 이루어질 수 있습니다. 이미 수많은 사람이 네트워크 마케팅을 통해 경제적인 여유를 얻었고, 그중의 어떤 사람들은 웬만한 중소기업보다 많은 매출과 수입을 올리고 있습니다. 사소한 걱정거리에 발목이 잡혀서는 안 됩니다. 정상은 얼마 남지 않았을 수도 있습니다.

106

자만심에서 한 계단만 내려오면 자부심에 머물 수 있다

子曰, 君子矜而不爭, 群而不黨 (자왈, 군자긍이부쟁, 군이부당)
군자는 자부심으로 가득 차 있지만 남과 다투지 않고, 모여 있어도 파벌을 만들지 않는다.

자부심 또는 긍지는, 자만심 또는 교만과는 완전히 다르지만, 자칫 그 선을 넘어갈 수 있습니다. 자신의 자부심을 스스로 피력하다 보면 교만하기 쉽고, 자만심으로 넘어가면 남과 다투기 쉽습니다.

반대로 자만심에서 조금만 몸과 마음을 낮추면 자부심에 머물 수 있습니다. 자만이나 교만을 감출 수 있는 가장 좋은 방법은 말을 아끼는 것입니다. 서양 사람들도 '침묵은 금'이라고 했습니다. 말하기 좋아하는 그들까지 침묵의 가치를 알고 인정하는 것입니다. 입만 다물 줄 알아도 타인이 바라보는 인성은 훨씬 더 좋아 보이게 마련입니다.

진정한 리더는 겸손과 예의가 바탕에 깔려 있기 때문에 자부심을 가진다는 이유로 다른 사람을 깔보지 않습니다. 또한 아무리 거대한 그룹을 이루어도 파벌을 만들지는 않습니다. 파벌이 생기면 균열이 생기고 균열은 분열로 이어지게 됩니다. 그다음은 보지 않더라도 뻔히 짐작할 수 있는 일이지요. 진정한 리더는 화합할 뿐 부화뇌동하지 않습니다.

일반적인 회사에서라면 '라인'도 있고, 파벌도 있고, 노선도 있지만 네트워크 마케팅에서는 모두가 한 라인, 한 팀, 한 그룹입니다. 파이를 키우고 모두가 노력한 만큼 나눠 먹는 구조입니다. 그러므로 파벌을 만들고, 노선을 뚫어 봤자 모두에게 좋은 일일 뿐입니다.

107

말을 믿기 전에 행동을 먼저 지켜보라

子曰, 君子不以言擧人, 不以人廢言 (자왈, 군자불이언거인, 불이인폐언)
공자께서 말씀하셨다. 군자는 말만 듣고 판단해 사람을 천거하지 않고, 마음에 안 든
다고 해서 그 사람의 말까지 버리지는 않는다.

말과 행동이 부합하는 것을 신의라고 하지요. 말만 듣고 사람을
판단하기에는 정말 어려운 시대입니다. 춘추 시대에도 그러했으
니 지금이야 말할 것도 없겠지요. 수많은 말들이 난무하는 네트워
크 마케팅 업계에서는 말만 믿고는 아무것도 할 수 없는 지경에
이르렀습니다.

리더의 말만 믿고 덜컥 손을 잡았다가 큰 낭패를 본 경영자들이
많지요. 반대로 경영자의 허풍에 놀아나 돈도 잃고, 시간도 잃고,
사람마저 잃어버린 사업자도 허다합니다. 신의도 신뢰도 땅바닥
에 떨어진 네트워크 마케팅 업계의 현실을 잘 보여 주는 이야기

입니다.

어떠한 경우에도 말만 믿고 모든 것을 판단해서는 안 됩니다. 세 치 혀는 재앙을 낚는 바늘이기도 합니다. 말로써 득을 보는 일은 많지 않아도 말 때문에 화를 당하는 일은 허다합니다.

그렇다고 사람이 마음에 들지 않는다는 이유로 그 사람의 옳은 말까지 버려서는 안 됩니다. 서로 마음에 들어 하지 않는 사이일수록 냉정하게 바라보고 평가할 수 있기 때문입니다. 가까운 사이에 비판하기는 쉽지 않지만, 소원한 사이라면 얼마든지 정확하게 비판할 수 있으니까요. 허황된 말에도, 실속 없는 행동에도 속지 않는 사람이 군자이며 리더입니다.

108

자신의 일을 남에게 떠넘기지 말라

子貢問 曰, 有一言而, 可以終身, 行之者乎, 子曰, 其恕乎, 己所不欲, 勿施於人
(자공문왈, 유일언이, 가이종신, 행지자호, 자왈, 기서호, 기소불욕, 물시어인)
자공이 물었다. 한마디 말로 평생토록 지켜 나갈 만한 것이 있습니까? 공자께서 말씀
하셨다. 바로 용서하는 것이다. 자기가 하고 싶지 않은 일을 남에게 시키지 말라.

지금도 자주 인용되는 말입니다. 성가시고 귀찮고 껄끄러운 일
은 자신이 나서지 않고 아랫사람에게 떠넘기는 경영자가 드물지
않습니다. 신속한 결정이 요구되는 사안이라면 아랫사람이 나서
서는 해결할 수가 없습니다. 현장에서 즉각적인 결정을 내릴 수
있는 사람이 나서야 문제도 신속하게 해결하고, 아랫사람들로부
터 신뢰와 존경을 얻을 수 있습니다.

반대로 네트워크 마케팅 업계에서의 경험을 떠벌리다가 막상
문제가 발생하면 대표이사의 그늘에 숨는 간부들도 적지 않습니
다. 그저 지켜보기만 했거나 귀동냥만 한 것은 경험이라고 할 수

없습니다. 그것이 경험이라면 30년 이상 직접 현장을 누빈 사업자들이 훨씬 더 유능해야 하는 것이지요.

사업자 중에도 거북하고, 껄끄럽고, 힘든 일은 파트너에게 미루는 스폰서가 있습니다. 아무것도 모르는 파트너라면 별 탈이 없겠지만 눈치 빠른 파트너는 그 일을 왜 자신이 처리해야 하는지 금방 알아차립니다.

또, 그런 일이 발생할 때마다 스폰서에게 처리해 달라고 요청하는 파트너도 있습니다. 한 번은 몰라서 그렇다고 쳐도 두 번, 세 번 이어지면 아무리 너그러운 스폰서라도 마음속에서는 이미 배제해 버릴 수도 있습니다. 그것은 두 사람 사이에 금이 가는 계기가 되고, 두고두고 구설수로 번져 갈 수도 있습니다.

스폰서의 가장 큰 덕목이 솔선수범이라면, 파트너의 덕목은 '솔선수범×10'은 돼야 합니다. 무엇이든 먼저 나서서 해 보려고 하는 것, 팀과 그룹에 도움이 될 일을 찾는 것 등은 스폰서의 마음을 사로잡을 뿐만 아니라 스스로 성장해 나가는 방법이기도 합니다.

공자는 춘추 시대 제후들에게도 솔선수범을 강조했습니다. 군자든 리더든 솔선수범해야 그 이름을 유지할 수 있습니다. 내가 잔꾀를 부리고 잔머리를 굴리는 만큼 파트너도 잔꾀를 부리고 잔머리를 굴릴 줄 압니다.

공자는 이 서恕와 함께 충忠을 강조했습니다. 군사정권 아래서 학교에 다녔거나 군대를 다녀온 사람들이라면 거부감을 가질 수도 있겠습니다만, 충이란 정성을 다한다는 말입니다. 리더는 자신을 따르는 모든 사람에게 정성을 다해야 합니다. 리더라는 것을 결코 계급으로 인식해서는 안 됩니다. 보스는 '가라'고 하고, 리더는 '가자'고 하는 사람이라지요. 내가 하고 싶지 않은 일을 파트너에게 시키지 말아야 합니다.

오히려 껄끄러운 예상 고객 명단을 들고 망설이는 파트너의 손을 잡고 먼저 찾아가자고 이야기할 수 있어야 리더입니다. 나보다 나은 사람에게 사업을 전달하러 가는 일은 즐거운 일이 아닐 수도 있습니다. 스폰서가 먼저 나서서 이끌어 줄 때 파트너의 신뢰는 더욱 확고하게 될 것입니다.

109

시련을 견디는 힘이 인내심이다

子曰, 巧言亂德, 小不忍 則亂大謀 (자왈, 교언난덕, 소불인, 즉난대모)
공자께서 말씀하셨다. 교묘하게 꾸며 대는 말은 덕을 어지럽히고 작은 것을 참아 내지
못하면, 큰일을 그르친다.

솔직하고 정직해야 합니다. 리더가 허풍을 떨거나 거짓말로 조직을 이끌면 오래갈 수 없습니다. 소비자에게 거짓말을 하는 것은 그룹에도 회사에도 치명적입니다. 거짓과 위선은 구름과 같아서 바람이 불면 걷히게 마련입니다. 군자는 바람이고 소인은 풀잎이기 때문입니다.

작은 어려움을 모면하려고 거짓말을 일삼으면 큰 어려움에 봉착해서는 좌절할 수밖에 없습니다. 시련을 견디는 힘은 마음의 근육에서 나옵니다. 작은 어려움을 하나하나 견디고 이겨 나가다 보면 아무리 큰 역경을 만나더라도 굴하지 않고 돌파할 수 있게 됩니다.

110

네트워크 마케팅 안에서
만인은 평등하다

子曰, 有敎無類 (자왈, 유교무류)
공자께서 말씀하셨다. 가르치되 차별하지 마라.

어떤 스폰서는 산하에 돈 많은 사람이나 지위가 높은 사람이 들
어오면 필요 이상으로 호들갑을 떱니다. 마치 그 사람이 그룹 전
체를 다 건사할 것처럼 떠받들어 환영하면서 기존 사업자들의 불
만을 삽니다.

돈이 많거나 지위가 높으면 제품을 구매하는 데는 도움이 될 수
있지만, 시스템에 합류해 사업을 펼쳐 나가기에는 오히려 난관이
더 많을 수 있습니다. 이들이 사업자로서 정체성을 확립하기 전까
지는 체면 때문에 이러지도 저러지도 못하는 일이 허다합니다. 실
제로 체면 때문에 사재기를 통해 다이아몬드까지 가 버린 사람도
있습니다. 이것은 재앙입니다. 어렵게 구축해 온 시스템을 무용지

물로 만들어 버린 것이니까요.

진짜 리더라면 누가 들어오든 평온하고 태연하게 맞이해야 합니다. 들어오는 한 사람 때문에 이미 자리를 잡은 다른 많은 사람들이 흔들린다면 본인에게도 손해가 될 것이 분명합니다.

이런 사람이 들어오면 속성으로 가르쳐 그의 인맥을 모두 끌어당기고 싶어 하는 마음도 이해하지 못하는 것은 아닙니다. 하지만 네트워크 마케팅을 이해하고 체득하기까지는 마땅히 소모되는 시간이 있습니다. 어떤 천재라도 그 시간을 건너뛸 수는 없습니다. 또 그렇게 몰아붙이면 그 사람도 견뎌 내지 못하고 탈락할 수도 있습니다.

만약 동시에 전혀 다른 사람이 함께 들어왔다면 그 사람의 실망감은 이만저만이 아닐 것입니다. 이 세상 어디에서도 사람은 평등한 대우를 받아야 합니다. 혹시라도 마음속에서 누군가를 특별히 귀하게 여기거나, 모질게 차별하고 있다면 그 마음을 내려놓아 보세요. 귀한 대접을 받던 그 사람마저도 훨씬 더 편안하게 적응하는 것을 볼 수 있을 겁니다. 그 반대쪽의 사람은 말할 것도 없을 테지요.

111

이끌 수 없다면 물러나서 밀어라

陳力就列, 不能者止, 危而不持, 顚而不扶, 則將焉用彼相矣 (진력취열, 불능자지, 위이부지, 전이불부, 즉장언용피상의)
재능을 펼쳐 벼슬길에 오르되, 감당하지 못하면 물러나야 한다. 위태로워도 지탱하지 못하고 뒤집혀도 일으키지 못한다면 그런 신하를 어디에 쓰겠느냐?

　무능하고 어질지도 못한 리더가 자리를 잡고 있으면 회사로서는 그보다 더 큰 골칫거리가 없습니다. 무능한 리더일수록 이것저것 회사에 요구하는 것이 많습니다. 심지어는 돈을 요구하거나, 파트너의 레그를 자신의 실적으로 가져오고 싶어 합니다.

　어쩌다 그의 산하에 뛰어난 사업자가 들어오면 그것을 반기지 않습니다. 알량한 자신의 리더십과 영역이 타격을 입을 것이라는 걸 이미 짐작할 테니까요. 운이 좋았든, 잔머리를 잘 굴렸든 리더라는 이름이 붙었다면 그에 합당한 사람이 되어야 합니다. 자리가 사람을 만든다는 말이 있기는 해도 도저히 그 자리를 감당하지 못한다면 스스로 내려와야 회사가 살 수 있습니다. 회사가 산다는 것은 소속된 사업자들도 함께 살 수 있다는 것입니다.

매출 부진으로 허덕이는 회사를 일으키지도 못한다면 리더라는 이름이 무슨 소용일까요? 가슴에 손을 얹고 곰곰이 생각해 보면 자신이 능력 있는 사람인지 아닌지 알게 될 것입니다. 자신의 능력은 자신이 제일 잘 아는 법이니까요. 리더란 먼저 시작한 사람이 아니라 이끌고 나아가 위태로운 것을 지탱하고, 뒤집힌 것은 일으켜 세우는 사람입니다.

112

좋은 파트너를 원한다면
먼저 좋은 스폰서가 되라

孔子曰, 益者三友, 損者三友, 友直, 友諒 友多聞, 益矣, 友便辟, 友善柔, 友便佞, 損矣
(공자왈, 익자삼우, 손자삼우, 우직, 우량, 우다문, 익의, 우편벽, 우선유, 우편영, 손의)
공자께서 말씀하셨다. 유익한 친구가 셋 있고, 해로운 친구가 셋 있다. 정직한 사람을
사귀고, 어진 사람을 사귀고, 박학다식한 사람을 사귀면 이롭다. 편벽한 사람을 사귀
고, 굽실거리는 사람을 사귀고, 빈말을 잘하는 사람을 사귀면 해롭다.

여러분은 과연 어떤 친구인가요? 좋은 친구를 사귀려면 나 또
한 좋은 사람이어야 합니다. 정직한 친구를 원한다면 나도 정직한
사람이어야 하고, 어진 친구를 원한다면 나 또한 어진 사람이어야
하고, 박학다식한 친구를 원한다면 나 또한 박학다식한 친구여야
합니다.

반대로 해로운 친구를 사귀고 싶지 않다면 나 또한 해로운 사람
이어서는 안 됩니다. 편벽한 사람이 싫다면 나 또한 편벽해서는
안 됩니다. 굽실거리는 사람과 사귀고 싶지 않다면 나 또한 굽실

거려서는 안 됩니다. 빈말을 잘하는 사람과 사귀고 싶지 않다면 나 또한 빈말을 해서는 안 됩니다.

네트워크 마케팅에서도 마찬가지입니다. 정직하고 인자하며 박학다식한 사람을 파트너로 맞이하기 위해서는 내가 먼저 그런 사람이어야 합니다. 편벽하고 굽실거리고 빈말을 잘하는 파트너를 받아들이는 게 싫다면 내가 먼저 나를 살펴 그러한 악덕들을 제거해야 합니다.

네트워크 마케팅은 처음에는 돈을 보고 시작하지만 사업을 키워 나가다 보면 나의 도량을 넓히고 견문을 넓히고 수양하는 경지에 이르게 됩니다. 그러므로 좋은 회사의 좋은 스폰서와 함께 다년간 사업해서 실적을 낸 사람이라면 인격적으로도 지적으로 성장하고 성숙한 사람임이 틀림없습니다. 해로운 파트너들과 함께해서는 결코 그 자리까지 이를 수 없을 테니까 말입니다.

113

주색잡기를 버릴 수 없다면 떠나라

益者三樂, 損者三樂, 樂節禮樂, 樂道人之善, 樂多賢友, 益矣, 樂驕樂, 樂佚遊, 樂宴
樂, 損矣 (익자삼락, 손자삼락, 낙절예락, 낙도인지선, 낙다현우, 익의, 낙교락, 낙일유,
낙연락, 손의)
유익한 즐거움이 셋 있고, 해로운 즐거움이 셋 있다. 예절을 지키는 즐거움, 다른 사람
의 좋은 점을 칭찬하는 즐거움, 현명한 친구를 많이 사귀는 즐거움, 이것은 유익하다.
난잡한 쾌락에 빠지는 즐거움, 방탕하게 노는 즐거움, 주색에 빠지는 즐거움, 이것들
은 해롭다.

다시 유유상종입니다. 예의를 지키고, 다른 사람 칭찬을 잘하
며, 현명한 친구가 많은 사람이 난잡하고 방탕하여 주색에 빠진
사람을 친구로 사귀지는 않을 것입니다. 어울리지도 않지만, 서로
가 재미없어서 함께 지낼 수가 없습니다. 군자는 섬기기는 쉬워도
같이 놀기는 힘들다고 했습니다. 소인은 섬기기는 어려워도 같이
놀기는 좋다고 했습니다.

예의, 즉 매너를 지키는 것은 인간으로서의 품격을 한껏 높여

줍니다. 세련된 매너는 성공의 기본 요소 중 하나입니다. 다른 사람을 칭찬하다 보면 나 또한 그들로부터 칭찬을 받게 되고 자연스레 현명한 친구들 많이 생기게 되지요. 이것이 선순환입니다.

방탕한 사람들은 네트워크 마케팅과는 어울리지 않습니다. 이런 사람들도 어쩌다 발을 들이기도 하지만, 말썽만 부리다 물러나고 맙니다. 정말로 자신을 개조할 의지가 없다면 차라리 시작하지 않는 것이 좋습니다. 스폰서에게도 당사자에게도 시간 낭비에 불과하기 때문입니다.

114

조급해하지 마라
내 차례는 오게 돼 있다

子曰, 侍於君子 有三愆, 言未及之而言, 謂之躁, 言及之而不言, 謂之隱, 未見顏色而言,
謂之瞽(자왈, 시어군자 유삼건, 언미급지이언, 위지조, 언급지이불언, 위지은, 미견안
색이언, 위지고)
공자께서 말씀하셨다. 군자를 모실 때 저지르기 쉬운 세 가지 허물이 있다. 말할 차례
가 아닌데 말하는 것, 이것은 조급하다고 한다. 말해야 할 때 말하지 않는 것, 이것을
숨긴다고 한다. 안색을 살피지 않고 말하는 것, 이것은 눈치 없다고 한다.

처음 네트워크 마케팅에 발을 들인 사람들은 조급해지기가 쉽
습니다. 자기 입장에서는 너무나 좋은 회사와 기회를 만난 것인
데, 함께 사업하고 싶어서 초대한 상대방이 알아듣지도 못하고 알
아주지도 않으니 속이 타겠지요. 스폰서와 동행 미팅 중에 불쑥
스폰서의 말을 자르고 개입한다면 스스로 일을 그르치고 맙니다.
리쿠르팅은 사업 기회를 알려 주는 것이지만 상대방의 이야기를
들어 주는 일이기도 합니다.

스폰서가 후원해 줄 때는 조용히 대화를 들으며 스폰서가 가진 노하우를 전수하는 것이 좋습니다. 스마트폰이 공급되기 이전에는 스폰서가 말하는 내용을 곁에서 받아 적기도 했습니다. 설익은 자신이 나서는 것은 일은 일대로 망치고 배울 기회마저 놓치는 것이기도 합니다.

스폰서와 상담할 때는 사업 진행 상황과 자신이 겪고 본 것, 그리고 자신의 실수까지 낱낱이 이야기해야 다음 스텝을 준비할 수 있습니다. 잘한 것만 밝히고 못한 것은 숨기면 역량에 맞는 후원을 할 수 없어 오히려 사업이 지체되는 결과를 초래합니다.

또 분위기 파악을 잘해야 합니다. 심각한 상황에서 실없는 농담을 하거나 흥겨운 분위기에 찬물을 끼얹는 발언은 팀워크를 해칩니다. 그로 인해 팀원들로부터 실없는 사람 또는 분위기 파악을 못 하는 사람으로 낙인찍혀 형제 라인의 협조를 얻기도 힘들어집니다.

도저히 분위기 파악이 안 된다면 스폰서에게 슬쩍 문자 메시지를 보내 어떻게 해야 하는지 먼저 물어보는 것도 한 방법입니다. 눈치 없이 아무 데나 나서는 사람이 정작 중요한 사실들을 숨긴다면 가망이 없어집니다. 스폰서를 신뢰해야 사업이 바로 섭니다.

115

다툼과 탐욕은 항상 경계하라

孔子曰, 君子有三戒, 少之時, 血氣未定, 戒之在色, 及其壯也, 血氣方剛, 戒之在鬪, 及
其老也, 血氣旣衰, 戒之在得 (공자왈, 군자유삼계, 소지시, 혈기미정, 계지재색, 급기
장야, 혈기방강, 계지재투, 급기로야, 혈기기쇠, 계지재득)
공자께서 말씀하셨다. 세 가지 경계해야 할 것이 있다. 젊을 때는 혈기가 안정되지 않
아 미색을 경계해야 하고, 장년기에는 혈기가 굳세어짐에 따라 싸움을 경계해야 하며,
노년기에는 혈기가 쇠했으므로 탐욕을 경계해야 한다.

대한민국에 네트워크 마케팅이 처음 도입됐을 당시에는 각 기
업의 사업장에서 난투극이 벌어지는 일도 드물지 않았습니다. 청
장년층이 주류를 이룬 것도 원인이지만 여전히 사회적인 분위기
자체가 거칠었기 때문입니다. 합숙, 감금, 불법 대출 등도 만연해
서 네트워크 마케팅에 대한 이미지를 흐렸습니다.

지금은 다툼이 일어나더라도 난투극으로 이어지는 일은 별로
없습니다. 다만, 남녀 사이의 스캔들이나 지나친 탐욕으로 인한

갈등은 오히려 늘어난 경향이 있습니다. 공자께서는 청년기에나 발생하는 것이 섹스 스캔들이라고 했지만, 최근에는 노소를 가리지 않고 발생합니다. 치정극이 문제가 돼 폐업에 이른 회사도 적지 않습니다.

남녀 사이의 정은 가장 원초적인 본성이기 때문에 이것을 탓하기에는 무리가 있습니다. 하지만 문란해지는 것은 큰 문제지요. 성적 매력이 충만한 남성이나 여성 중에는 사업에 성을 접목해 성장하려는 잘못된 생각을 가지는 사람도 있습니다. 성적 매력도 자산이니 그것이 옳다 그르다 잘라 말할 수는 없습니다만, 여전히 성적인 문제에 관대하지 않은 대한민국의 일반적인 정서를 고려한다면 그것은 위험천만한 도박이 되고 맙니다.

진정한 매력은 어느 누구에게도 소속되어 있지 않았을 때 가장 충만한 법입니다. 누군가와의 스캔들이 터지고 나면 그런 매력도 사라지고 추문의 당사자로 전락할 뿐입니다. 매력을 뽐내되 일정한 거리와 간격을 유지하는 것이 지혜로운 처신입니다. 그런 매력 또한 잘만 활용하면 도움이 되겠지만 자칫하면 부도덕하거나 헤픈 것으로 오인받기에 십상입니다.

인간의 품위는 절제할 때 가장 돋보입니다. 매력 넘치지만 누구에게도 구애되지 않으며 매너까지 갖춘다면 그 사람의 사업은 그야말로 날개를 달고 세계를 향해 나아갈 수 있을 것입니다.

그다음은 탐욕이 발목을 잡습니다. 이 탐욕이라는 것도 혈기가 왕성해진 이후의 일만이 아닙니다. 젊은 세대 중에서도 유독 재물에 집착하는 사람이 있습니다. 네트워크 마케팅은 가족이 함께하는 것이 가장 이상적이지만, 자칫하면 오해를 사기도 쉽습니다.

실제로 적지 않은 리더들이 가족을 바로 하위에 배치한 것이 들통나는 바람에 몰락하거나 어려움을 겪기도 합니다. 가족을 배치하기 위해서는 반드시 실제로 사업을 한다는 것이 전제가 돼야 합니다. 그렇지 않고 그들을 상위에 두고 파트너를 배치하다가는 온 가족이 돈을 벌기는커녕 한 사람도 돈을 벌지 못하는 상황이 발생하고 맙니다.

욕심을 채우기 위해 더 많이 노력하는 것은 바람직하지만 그 욕심을 채우기 위해 꼼수를 쓰는 것은 상도의에도, 인간의 도리에도 위배되는 것입니다. 소탐대실小貪大失이라는 말이 있지요. 작은 이익을 더하려다가는 자신마저 잃어버릴 수 있습니다.

116

아무리 사소한 일이라도
생각한 후에 행동하라

孔子曰, 君子有九思, 視思明, 聽思聰, 色思溫, 貌思恭, 言思忠, 事思敬, 疑思問, 忿
思難, 見得思義 (공자왈, 군자유구사, 시사명, 청사총, 색사온, 모사공, 언사충, 사사경,
의사문, 분사난, 견득사의)
공자께서 말씀하셨다. 군자는 생각할 것이 아홉 가지 있다. 볼 때는 똑똑히 보려고 생
각하고, 들을 때는 명확히 들으려 생각하고, 안색을 보일 때는 온화함을 생각하고, 몸
가짐은 공손히 할 것을 생각하고, 말할 때는 성실함을 생각하고, 일할 때는 신중히 할
것을 생각하고, 궁금할 때는 물어서 알 것을 생각하고, 화가 날 때는 후환을 생각하고,
이익을 보면 도리에 합당한 것인가를 생각하라.

자신을 수련하고 닦아 군자라고 불리기까지는 지난한 과정을
거쳐야 하는 모양입니다. 생각할 것이 아홉 가지 있다고 한 말은
매사에 생각하고 살라는 가르침이라고 해도 좋겠습니다. 무엇이
든 건성으로 넘기지 말고, 한 번 더 생각함으로써 몸과 마음을 가
지런히 해야 한다는 것이겠지요.

무언가를 볼 때 대충 보지 말고 똑똑하게 보겠다고 생각해야 다

볼 수 있습니다. 책을 읽고 나서도 무슨 내용인지 정리가 잘 안 될 때가 많습니다. 영화를 보고도 무슨 내용이었는지 헷갈리는 일도 있습니다. 집중하지 않기 때문입니다. 똑똑히 보려고 생각해야 똑똑하게 볼 수 있습니다.

총명하다는 말은 귀가 밝다는 뜻입니다. 듣는 일이 얼마나 중요한지 알 수 있는 말입니다. 들을 때는 명확히 들으려고 생각해야 합니다. 명확히 듣고 이해하는 것을 총명하다고 합니다. 대화를 하다가도 가끔 딴생각을 할 때가 있습니다. 그럴 때마다 명확히 들으려는 의지를 다잡아야 합니다. 그래야 상대방의 이야기로 되돌아올 수 있습니다. 대화 중에 휴대전화를 만지작거리는 것은 명확하게 듣지 못하는 일이기도 하지만, 상대방을 무시하는 것으로 비칠 수도 있습니다. 항상 정신을 집중해서 잘 듣는 것이 곧 총명해지는 길입니다.

낯빛은 항상 온화해야 하지요. 가볍게 미소를 띤 얼굴이라야 리더의 얼굴이라고 할 수 있습니다. 찡그리거나 화난 얼굴로는 아무리 작은 팀이라 해도 이끌어 갈 수가 없습니다. 짜증이 역력한 얼굴을 쳐다보면 보는 사람도 덩달아 짜증이 납니다. 어떤 리더는 짜증 난 얼굴이나 화난 얼굴이 위엄이라고 착각하기도 합니다. 그렇지 않습니다. 편안하고 온화한 얼굴이 진정한 리더의 안색입니다.

말할 때는 성실하게 자신의 의견이 상대방에게 충분히 전달될 수 있도록 해야 합니다. 간단명료하고 알아듣기 쉽게 풀어서 이야기해야 합니다. 지나치게 빠른 말투나 느린 말투로는 상대방을 이해시키기 힘듭니다. 항상 듣는 사람의 표정을 살펴 말하고자 하는 내용이 명료하게 전달됐는지 파악해야 합니다.

일할 때는 신중히 할 것을 생각해야 합니다. 조목조목 따져 가며 진척되는 정도를 염두에 두고 일을 하지 않으면 두 번 일이 되어 처음부터 다시 해야 하는 상황이 발생할 수도 있습니다. 신중하되 민첩해야 한다는 사실을 잊어서는 안 됩니다. 한 가지 일이 늘어지면 다음 일도 덩달아 늘어져 투자된 시간에 비례하는 성과를 내기가 힘들어집니다.

궁금하거나 의심이 생길 때는 물어서 분명히 밝힐 것을 생각해야 합니다. 궁금증을 풀지 않고 넘어가면 엉뚱한 오해가 생겨 인간관계에 금이 가는 수도 있습니다. 궁금한 점은 묻고 그에 대한 자신의 의견을 분명하게 피력해야 합니다.

화가 날 때는 뒷일을 생각해야 합니다. 특히 폭력적인 상황이 발생하면 뒷수습은 아주 힘들어집니다. 수사 기관으로 불려 다니는 것은 물론 자칫하면 화를 다스리지 못했다는 이유로 전과가 생기기도 합니다. 늘 마음을 가라앉히고 평상심을 유지하는 것을 생각해야 합니다.

그리고 이득이 생기면 그것이 과연 도리에 맞고 정의로운 곳에서 왔는지 생각해야 합니다. 약삭빠른 사람들은 소위 '눈먼 돈'을 잘 찾아냅니다. 그러나 세상에는 결코 눈먼 돈은 없습니다. 내 주머니에 돈이 들어왔다는 것은 누군가의 주머니에서 나왔다는 말입니다. 그의 주머니에서 나올 때 흔쾌히 나왔는지, 내 주머니에 들어오기 전에 어느 음습한 구역을 지나오지는 않았는지 생각해야 합니다. 또 그 돈의 양과 나의 행위 또는 노동의 양이 균형을 유지하는지도 생각해야겠지요. 결국, 매사를 신중하고 깊게 생각하며 살라는 가르침입니다.

117

100일 정성이면 아무리 어려운 일도
습관으로 만들 수 있다

孔子曰, 性相近也, 習相遠也 (공자왈, 성상근야, 습상원야)
공자께서 말씀하셨다. 본성은 서로 비슷하지만, 습관에 따라 서로 차이가 벌어진다.

거의 모든 자기계발서에는 습관에 대한 이야기가 빠지지 않습니다. 이미 2500년 전에도 습관은 제2의 본성이라는 것을 알고 있었던 모양입니다. 습관을 고치고 새로운 습관을 들이는 것은 구겨진 종이를 펴는 일과 흡사합니다.

아무리 심하게 구겨져 있더라도 일정한 시간 동안 평평하고 무거운 물건으로 눌러 두면 빳빳하게 펴지는 것을 목격할 수가 있습니다. 버리고 싶은 습관이라면 의도적으로 외면하고, 들이고 싶은 습관이라면 하기 싫어도 꾸준히 시도하다 보면 원래 그랬던 것처럼 몸과 마음이 기억하게 됩니다.

자기계발이라는 것도 나쁜 습관을 버리고 좋은 습관을 들인 것에 불과합니다. 우등생이 되는 습관, 부자가 되는 습관 등등을 몰라서 못 하지는 않습니다. 다만 게으르기 때문에 지나치는 것뿐입니다. 부자가 되고 싶다면 부자의 습관을 따라 하면 되고, 다이아몬드가 되고 싶다면 다이아몬드의 습관을 따라 하면 됩니다. 문제는 행동으로 옮길 수 있느냐에 달려 있습니다.

아무리 하기 싫은 일이라도 100일만 반복하면 습관으로 굳어진다고 합니다. 100일이 긴 것 같지만, 고작 석 달 열흘 투자해서 인생을 바꿀 수 있다면 그렇게 하지 않는 사람이 바보입니다.

118

모든 사람을 품을 만큼 품을 넓혀라

子張問仁於孔子, 孔子曰, 能行五者於天下爲仁矣, 請問之 曰, 恭寬信敏惠, 恭則不侮,
寬則得衆, 信則人任焉, 敏則有功, 惠則足以使人 (자장문인어공자, 공자왈, 능행오자
어천하위인의, 청문지 왈, 공관신민혜, 공즉불모, 관즉득중, 신즉인임언, 민즉유공, 혜
즉족이사인)
자장이 인에 대해 공자께 물었다. 공자께서 말씀하셨다. 천하에 다섯 가지를 능히 할
수 있다면 인이라 하겠다. 그에 대해 묻자 공손함, 관대함, 믿음직함, 민첩함, 은혜로움
이 그것이다. 공손하면 남에게 업신여김을 당하지 않고, 너그러우면 사람들을 얻을 수
있고, 믿음직하면 사람들의 신임을 얻을 수 있고, 민첩하면 공을 세울 수 있으며, 은혜
로우면 사람을 부리기에 족하다.

다시 공손할 것을 강조합니다. 아무리 경위가 없는 사람이라고
해도 공손한 사람을 업신여기지는 않습니다. 공연히 거들먹거리
거나 교만하다면 업신여김을 당하거나 욕을 볼 수도 있지만, 낮추
고 받아들이는 사람이라면 어쩐지 무엇이든 하나라도 더 챙겨 주
고 싶어지는 것이 사람의 마음입니다.

너그러운 사람 곁에는 언제나 많은 사람들이 끓습니다. 너그럽다는 것은 품이 넓어 사람들이 깃들고 기댈 수 있다는 것이지요. 사소한 실수나 잘못을 두고두고 탓하는 사람이 있습니다. 그래서는 결코 사람의 마음을 얻을 수가 없습니다.

믿음직하다는 말은 말과 행동이 어긋나지 않는다는 뜻입니다. 그런 리더라면 사람들은 그를 신뢰하여 함께하는 데 주저하지 않을 것입니다. 콩으로 메주를 쑨다고 해도 믿지 못하는 사람이 있는 반면, 팥으로 메주를 쑨다고 해도 믿음을 얻는 사람이 있습니다. 그것은 과거의 행적 때문입니다. 사람을 알려면 그가 지나온 과거와 과정을 살피면 됩니다. 훗날 믿음직한 사람으로 기억되고 싶다면 지금부터 말과 행동이 일치하는 삶을 살아야 합니다. 믿음직하다는 평가는 한 사람이 살아온 시간에 대한 평가이기도 합니다.

공을 세우려면 민첩해야 합니다. 바꾸어 말하면 직급을 달성하려면 빠르고 정확하게 사업을 전달해야 한다는 말이 됩니다. 빠르기만 해서는 일을 성사시킬 수가 없습니다. 정확해야 합니다. 그렇지만 느려서는 곤란합니다. 빠르고 정확하게 사업을 펼쳐 나가는 모습은 그것만으로도 큰 비전이 됩니다. 일에 관한 한 공자께서 늘 강조한 포인트가 민첩입니다.

보은報恩은 인간의 본성 중 하나입니다. 어지간한 망나니가 아니라면 사람은 은혜에 합당한 사례를 하고 싶어 합니다. 은혜를 베풀고, 은혜를 입은 사람은 그에 대한 보은을 생각하는 것은 얼마나 아름다운 장면인가요?

이 다섯 가지 덕목을 갖춘 리더라면 함께할 만하지 않은가요?

자신이 이 다섯 가지 덕목을 갖췄다면 누구든 함께하려고 할 것입니다. 쉽지는 않겠지만, 끊임없이 시도하여 습관을 들인다면 원하지 않더라도 리더로 성장한 자신을 만날 수 있을 것입니다.

119

함부로 남의 말 하지 말라

子貢問曰, 君子亦有惡乎, 子曰, 有惡, 惡稱人之惡者, 惡居下流而訕上者, 惡勇以無禮者, 惡果敢而窒者 (자공문왈, 군자역유오호, 자왈, 유오, 오칭인지악자, 오거하류이산상자, 오용이무례자, 오과감이질자)

자공이 물었다. 군자 또한 미워하는 것이 있습니까? 공자께서 말씀하셨다. 미워하는 것이 있다. 남의 잘못을 떠들어 대는 자를 미워하고, 아랫사람이면서 윗사람을 헐뜯는 자를 미워하고, 무례한 것을 용감한 것으로 착각하는 자를 미워하고, 과감하지만 꽉 막힌 사람을 미워한다.

아무리 군자라도 미워하는 사람이 있었군요. 이 세상 그 누구도 완벽한 사람은 없습니다. 누구나 실수할 수 있고, 특히 젊은 시절에는 수많은 시행착오를 거치게 마련입니다. 그것은 실수나 실패가 아니라 성공으로 가는 길에 누구나 겪게 되는 통과의례 같은 것입니다. 그걸 떠들어 대는 것은 치졸한 짓입니다.

아랫사람들은 윗사람들의 '뒷담화'를 하면서 하루하루 견뎌 나가는 것이 현실입니다. 하지만 뒷담화가 지나치면 헐뜯게 되고,

그중에서 용감하다고 자부하는 자는 무례를 저지르기도 합니다.

공자와 그의 제자들은 비록 이상향을 꿈꾸었던 원칙주의자들이었지만, 지나치게 고지식한 사람은 달가워하지 않았습니다. 융통성이야말로 원칙을 더욱 원칙답게 만들어 주는 조미료 같은 것이지요.

어딜 가나 스폰서는 파트너 흉을 보고, 파트너는 스폰서의 흉을 봅니다. 또 경영자는 부하 직원과 사업자들의 못마땅한 점들을 여기저기 퍼뜨립니다. 이것이야말로 자승자박입니다. 누워서 침 뱉는 격이지요.

내가 흉을 봤다는 사실을 아무도 모를 것 같지만 자신이 상상하는 것보다 훨씬 더 빨리 상대방의 귀에 들어가 있을 때가 많습니다. 이것은 사업을 망치는 지름길입니다. 공손하고 정성스럽다는 것은 비단 그 사람 앞에서만 지켜야 할 도리가 아니라, 있든 없든 상관없이 한결같아야 합니다.

군자의 범주에 드는 사람은 당사자가 없는 곳에서 그 사람을 지칭할 때도 반드시 존칭을 함께 씁니다. 이렇게 삼가고 조심스러운 사람이 큰 실수를 할 리는 없습니다.

120
가까울수록 삼가고 예의를 지켜라

子曰, 唯女子與小人, 爲難養也, 近之則不孫, 遠之則怨 (자왈, 유여자여소인, 위난양야,
근지즉불손, 원지즉원)
공자께서 말씀하셨다. 오직 여자와 소인은 다루기 어렵다. 가까이하면 불손하고, 멀리
하면 원망한다.

공자께서도 여자를 대하는 것은 여간 불편한 게 아니었던 모양
입니다. 위衛나라의 요부 남자南子를 만났다가 자로에게 딱 걸렸
던 장면이 다시 떠오릅니다. 남자男子와 여자는 금성과 화성만큼
멀리 떨어져 있어서 서로를 다루려고 하면 경을 치기 십상이지요.
　요즘 시대에는 남녀의 구분이 무의미하므로 소인으로만 국한해
야겠습니다. 소인을 가까이하는 것은 남자에게든 여자에게든 정
말 피곤한 일입니다. 조금만 친해지고 가까이하면 기어오르려 합
니다. 그리고 윗사람의 권위를 빌려 호가호위합니다. 그러다가 조
금만 멀리해도 내쳐진 것은 아닌지 전전긍긍하면서 원망합니다.

총욕약경寵辱若驚이라는 말이 있습니다. 총애를 받더라도, 욕을 보더라도 놀란 듯이 하라는 말이지요. 총애도 한순간이고 욕을 보는 것도 한순간입니다.

스폰서가 잘해 준다고, 경영진과 가깝다고 너무 나가면 오히려 낭패를 보게 됩니다. 가까울수록 삼가고 조심하면서 지켜야 할 선은 절대로 넘지 말아야 합니다. 그래야 총애를 넘어 더 큰 신뢰에 이를 수 있습니다. 불가근불가원不可近不可遠입니다. 너무 가까이도 가지 말고, 너무 멀리 벗어나지도 말아야 합니다. 지나치게 가까이 가면 성가시게 생각하고, 너무 멀리 떨어지면 아예 잊어버리니까요.

121

따뜻한 카리스마 부드러운 열정

子夏曰, 君子有三變, 望之儼然, 卽之也溫, 聽其言也厲 (자하왈, 군자유삼변, 망지엄연,
즉지야온, 청기언야려)
자하가 말했다. 군자에게는 세 가지 변화가 있다. 멀리서 바라보면 엄숙하지만, 가까
이 가면 따뜻하고 그 말을 들으면 힘이 있다.

하늘의 별처럼 보이던 최고 리더를 가까이했을 때 이런 기분을
느껴 본 적이 있을 것입니다. 진정한 리더는 공자와 그의 제자들이
도달하고자 했던 경지에 가까이 가 있습니다. 멀리서 볼 때는 범접
못할 위엄이 있는 것처럼 보였는데, 가까이 가니 한없이 따뜻하고
부드럽고, 말 한 마디 한 마디가 가슴을 울리며 열정을 유발합니다.

리더의 모습은 곧 군자의 모습이며 인자의 모습이며 선비의 모
습이어야 합니다. 부르는 말은 다르지만 이 네 사람은 같은 사람
입니다. 당신이 리더라면 반드시 이러할 것입니다.

122

경거망동하지 말라
온 세상이 다 보고 있다

子貢曰, 君子之過也, 如日月之食焉, 過也, 人皆見之, 更也, 人皆仰之 (자공왈, 군자지
과야, 여일월지식언, 과야, 인개견지, 경야, 인개앙지)
자공이 말했다. 군자의 과실은 일식이나 월식과 같아서 잘못을 저지르면 모두가 볼 수
있고, 그것을 고치면 모두가 우러러본다.

보통 사람들은 웬만한 실수를 하더라도 그냥 묻어 둔 채로 살아
갈 수 있습니다. 그러나 스포츠 스타나 유명 정치인, 유명 연예인
들은 자그마한 실수에도 언론의 집중 조명을 받습니다. 네트워크
마케팅 업계의 리더도 마찬가지이지요.

돋보이는 사람들의 실수는 일식이나 월식 같아서 세상의 모든
사람이 알게 됩니다. 그만큼 삼가고 조심해야 하지요. 대신 그것
을 고치고 개선해 나가면 모두가 인정하고 박수를 보냅니다. 일식
이나 월식이 끝나면 해와 달이 원래의 밝고 빛나는 모습으로 돌
아오는 것이지요.

그렇지만 한번 흠집이 생긴 명성은 시간이 간다고 원상태로 복원되지는 않습니다. 부단히 반성하고 노력하고 자기 수양을 해야 합니다. 한번 구설에 올라 궁지에 몰렸다고 해서 이판사판으로 덤벼든다면 긴긴 시간 기울인 노력이 물거품이 될 수 있습니다.

아무리 잘 살았던 사람도 삐끗했던 날이 있지요. 같은 실수를 두 번 저지르지 않기 위해 더욱 절제하고 공손하고 모두에게 정성을 다한다면 일식을 지나 제빛을 찾은 태양처럼 빛날 수 있습니다.

123

일하고 싶을 때
원하는 만큼 일할 수 있게 하라

子張曰, 何謂惠而不費, 子曰, 因民之所利而利之, 斯不亦惠而不費乎, 擇可勞而勞之, 又誰怨 (자장왈, 하위혜이불비, 자왈, 인민지소리이리지, 사불역혜이불비호, 택가로이로지, 우수원)

자장이 말했다. 은혜를 베풀되 낭비하지 말라는 말은 무슨 뜻입니까? 공자께서 말씀하셨다. 백성들이 이득을 볼 수 있는 곳에서 이득을 볼 수 있다면, 이 또한 은혜를 베풀되 낭비하지 않는다는 말이 아니겠느냐? 백성들이 일을 하고 싶을 때 일을 할 수 있다면, 누가 원망하겠느냐?

그때나 지금이나 백성들의 주된 관심사는 일자리입니다. 지금의 사회 현상에 빗대 이야기하자면 공공근로나 청년 일자리 지원금처럼 은혜를 베풀되 그에 합당한 노동을 요구하는 것이 은혜를 베풀되 낭비하지 않는다는 말일 것입니다.

일하고 싶을 때 일할 수 있는 사회란 그야말로 태평성대이며 복지국가입니다. 그렇잖아도 부족하던 일자리가 코로나19의 공습을 받으면서 체감상 절반 가까이 줄어든 것 같다는 말도 나오고 있습니다.

지금의 상황에서 본다면 네트워크 마케팅은 백성이 일하고 싶을 때 일할 수 있는 지극히 드문 기회를 제공하는 산업입니다. 사업의 크기 또한 자신의 스케일에 맞게 조절할 수 있어서 누구는 중소기업 수준으로까지 키워 갈 것이고, 또 누군가는 대기업 임원 정도에서 만족할 것이며, 다른 누군가는 먹고 쓰는 제품을 구매할 수 있을 만큼만 키울 것입니다.

공자는 오로지 위정자 편에 서서 단물만 취하려던 사람이 아니었습니다. 매일같이 창과 칼이 불꽃을 튀기던 그 시절에도 아름다운 사회를 만들 수 있다고 믿고, 그 믿음을 실천했던 사람입니다. 끝내 한 나라를 경영해 보겠다는 꿈은 이루지 못했지만, 그 꿈을 이루지 못함에 따라 2500년의 세월을 이어 오며 지금도 우리의 제사상에 감 놔라 배 놔라 할 수 있는 성인이 된 것입니다.

공자님께 배우는
네트워크 마케팅 성공 키워드 123

—

초판 1쇄 2021년 1월 6일
지은이 권영오
펴낸이 김영재
펴낸곳 책만드는집

—

주소 서울 마포구 양화로 3길 99, 4층 (04022)
전화 3142-1585·6
팩스 336-8908
전자우편 chaekjip@naver.com
출판등록 1994년 1월 13일 제10-927호
ⓒ 권영오, 2021

—

—

ISBN 978-89-7944-751-4 (03320)